四川大学生命哲学研究中心专题研究成果

老子生命道学

李　健◎著

中国文史出版社

作者简介

李 健 1982年生，陇西李氏，字元学，号镇朴，文学博士。现任职于西安外事学院人文艺术学院，并任西安外事学院老子学院研究员、四川大学老子研究院兼职研究员、北京元学文化院院长兼道学研究所所长。主要研究方向为老子道学，发表老学论文十余篇，数篇论文获奖，著有《老子生命道学》等。

序

周启荣①

　　这是一部对老子学派思想史的诠释研究专著。李健博士的研究主要是对先秦"老子"思想整体的掌握与诠释。对李健博士来说，"老子"是一个符号，可以指历史上《道德经》的作者与先秦参与编订各种《老子》版本（例如楚简《老子》）的无名道家思想家。李健博士认为老子的思想可以概括为"生命道学"，这个概念既可以包括道家哲学，也可以涵盖道教思想。老子"生命"与"道"的思想是贯穿道家与道教的主要线索。更重要的是"生命道学"的内容不是一成不变的，而是随着时间而发展的。所以本书对于老子思想的研究采用的是一个"历史的""动态的"阐释架构。李健博士说："如果从《老子》楚简本、汉帛本、今本的文本历时性差异来看，老子'自然'思想不是静态的，它是发展的。"这个阐释架构显然

---

①　美国伊利诺伊州州立大学历史系及东亚语言文化系教授，主要研究中国思想史等。

是受到文学理论有关文本不固定性（instability of text）的启发。

李健博士研究的文献主要集中在两个版本：今本《老子》与楚简《老子》。阐释的原则一方面包括认真分析今本《老子》与楚简《老子》在文字、思想结构上的异同，另一方面揭示两个版本所呈现的生命智慧对现代人的启示。李健博士对今本《老子》的分析偏于对"道"与个体生命的关系，而对楚简《老子》则转而集中发掘"内圣外王"的思想，重点在申明"道"的"自然"作为治理方法，即是"无为"而治。李健博士认为"楚简《老子》甲本具有完整结构秩序，老子是第一个明确把内圣外王之道作为一个完整体系来建构的思想家，内圣外王之道确实是中华文化的一个重要的思维范式"。这个观点把儒家与道家的距离拉近了，突出儒、道同是关怀、反思解决个体生命与社会之间的互赖共存与紧张关系的问题。这个看法对于把老子视为一种神秘思想的诠释观点来说是一服清凉剂。

李健博士对老子思想的解读整体是合理的，有说服力。对于老子思想对现代社会的意义，更是努力阐发，尤其是有关个人与社会、国家的关系。虽然李健博士着意申明老子对于个体生命的优先性考虑，但他却注意到老子对个体生命的重视并非建立在个体与集体冲突矛盾的假设之上，而是兼顾个体自由及社会责任两方面。例如，他说："道家的立足点是成全个体生命，建构良好的社会同样是为了更好实现个体生命自由。"虽然他认为："老子讲无为、无事、好静、无欲，都是在消解权力，从而让民自主。"但他又指出老子的"圣人不是逃离社会，而是担当起社会责任"。老子并不提倡离群独居，独善其身，他说："老子的理想是要在尘世里实现的，'和其光，同其尘'。"

李健博士对老子的解读，凸显其对个体生命的优先性、自主性及社会性的智慧。这是正确的！老子重视个体生命的智慧具有极其深邃的现代意义。老子，也包括庄子的主题思想是对语言、社会规范、文化形式的超越反思与批判。人类社会、文化不断复杂化，社会分工一往不返地细化、深化，群体竞争不断要求集体组织的扩大，从私人生活与公共生活都全面弱化个人的主体性。由秩序与群体生活驱动的语言、行为、价值的标准化、形式化，加深了个体生命的异化。对于人类社会的这种不断复杂化、群体化的"内在规律"在西方近代受到来自两方面的批判：自由主义集中批判政治上个体自由的被压缩，而马克思主义则重视分析与解决个体在经济领域的自由被剥夺的问题。自由主义与马克思主义侧重于从政治与经济两个领域考虑个体自由与社会复杂化的问题，政治、经济以外各种文化模式，及更高层次的个体生命自由，西方对于这些方面的反思与批判要到"二战"以后才涌现。例如新马克思主义（Neo - Marxism），尤其是德国的法兰克福学派（Frankfurt School），法国的存在主义，以及稍后的福柯。他们分析西方社会各种文化现象，指出现代科技、现代政府、资本主义、大众文化、"知识权体"（knowledge regime）、语言等构成的"现代性"（modernity）论述与社会"习业"（practices）是如何对人类整体及个体生命进行全面拘束与塑造而产生异化与单一化的损害。这些批判思潮都是从个人的生命自由出发，剖析现代社会各方面的弊端，展示语言、思想、制度、生活样态对个人生命自由压缩、剥夺的各种文化模式。两千多年前还没有完成政治大一统的中国社会，其社会文化的复杂程度与"二战"后的西方社会是无法比拟的。然而，老子却已经能够如此敏锐地警觉到政治、社会、文化对个体生命自由所能产生的限制与负面作用，从而做出系统性的思考、肯定，鼓励个体生命的自主性、独特性、差异性、共生性。

老子在终极精神上对个体生命自由的肯定，与西方自由主义有相通之处，但超越西方自由主义与特殊政治制度共构的理论限制。老子、庄子所倡议的自由可以涵盖法律赋予的自由，但又包括法律以外，立足于个体生命价值的自由。这个生命价值自由是一切人权的基础。人权的理论基础就是个体生命的自主性、独特性、差异性与共生性的承认与尊重。老子在春秋时代已经能够观察到并批判人类社会生活不断扩大的集体化趋势对于个体生命自由的不断压缩的弊端，真是超越智慧的体现，具有世界性、前瞻性的普世价值，实乃中华文化之光。

这部书虽然是一部阐释性的研究，但李健博士并没有放纵自己的遐思。由于他的阐释方法是建立在学者与自己对文献版本与文字训诂研究之上，所以他对老子思想的诠释并非天马行

4

空、脱离文献一厢情愿的猜想。李健博士的研究没有饾饤琐碎、散漫无统的训诂考证式文章的毛病。他考证老子与孔子孰先孰后的综合讨论也是合理的。本书的优点除了阐释架构与上述的具体论点外，还有就是认真而有针对性地引用学界相关而合理的观点与研究成果，加以说明、讨论或批评，并不像很多考证式或训诂式的文章，旁征博引，但杂乱无章、纷繁歧出地罗列文献，又不指出问题的症结所在。当然，李健博士对老子有些重要思想的看法还是可以商榷的，一些看法与西方观念的比较有待深入分析与论证，书中内容在组织与说理方面也有提高的空间。但整体上，作为李健博士第一部学术专著，它对于老子思想史的研究是有贡献的，是值得推荐给读者学习与收藏的佳作！

目 录

绪　　论

生命的存在是一大奇迹，尊重生命是一切价值的元价值，也就是最基础的普世价值。老子道学根本上是生命道学，始终以如何完善生命为问题意识。（本书言说的生命，特指人，人是具有精神性存在的主体存在，尤其重视个体生命的优先地位。生命不是狭义的身体，生命是生理生命、社会生命与精神生命的统一。）

在快节奏的当代社会，人容易产生焦虑、困顿心理，而道家是紧张社会的"清静剂"。如何利用深厚的道家文化资源对当代人进行身心调适，成全完善的生命，是一个重大而紧迫的课题。道家的立足点是成全个体生命，建构良好的社会同样是为了更好实现个体生命自由，因而我们推崇"生命道学"。"生命道学"倡导尊道贵身、和光同尘、慈俭处后的理念，致力于挖掘道家文化治愈资源，重建精神家园，实现生命的更新与完满。

笔者使用的道学，即老子开创的道之学。生命道学就是关于生命的道学，紧扣生命之道。老子生命道学是以生命之

1

道为起点，超越哲学老子与宗教老子的对立（哲学领域的老子与道教领域的老子都重视生命之道），立足《老子》文本，系统诠释出老子的生命本原、生命目的、生命超越等生命智慧。

一、学界关于老子生命智慧的探索

研究老子及道家思想，有的从哲学角度研究，有的从道教角度研究，两个方面都有学者重视老子的生命智慧。

在老子哲学方面，有多位学者使用过"生命哲学"的理念。李霞于 2006 年发表题为《老子：中国生命哲学之父》[①]的论文；吴根友于 2012 年发表题为《老子与庄子的生命哲学、养生思想及其现代启示意义》[②]的论文；周可真于 2013 年发表题为《追求自然生命过程的正常进行——老庄生命哲学论要》[③]的论文；付粉鸽还于 2010 年出版题为《自然与自由：老庄生命哲学研究》[④]的专著。有的学者虽然未使用"生命哲学"为题，但从"生命哲学"角度进行研究。2006 年，陆建华发表题为《存在与超越：老子生命论》[⑤]的论文；2006 年，

① 李霞：《老子：中国生命哲学之父》，《安徽大学学报》，2006 年第 6 期，第 3—4 页。
② 吴根友：《老子与庄子的生命哲学、养生思想及其现代启示意义》，《贵州社会科学》，2012 年第 7 期，第 9—14 页。
③ 周可真：《追求自然生命过程的正常进行——老庄生命哲学论要》，《学术界》，2013 年第 1 期，第 150—157 页。
④ 付粉鸽：《自然与自由：老庄生命哲学研究》，人民出版社，2010 年。
⑤ 陆建华：《存在与超越：老子生命论》，《哲学研究》，2006 年第 6 期，第 37—41 页。

鲁庆中在论文《道：在"有"的向度上》①里提出了"生命本体论"的概念。

在老子与道教方面，也有多位学者使用过"生命道教"的理念。谢清果于 2009 年出版题为《生命道教指要》②的专著，该书认为"'生命道教'是继生活道教等观念之后新兴的一种道教文化理念，它旨在张扬道教养生智慧的独特魅力，高扬道教的生命自觉精神，发扬道教'生道合一'的价值理性，阐扬道教'道法自然'的实践理性；倡扬道教关注人与自然、人与社会、人与人以及自我身心全面和谐的圆融和合境界，从而为人类的健康、自由、和平、幸福提供弥足珍贵的思想文化资源"；詹石窗等于 2018 年发表题为《生命道教的几点思考》③的论文，认为"生命道教以生命认知、生命护养、生命超越为思想内涵的教化理论"；杨普春于 2019 年发表题为《"生命道教"哲学建构的三重张力》④的论文；盖建民主编的《生命道教暨卿希泰先生道教学术思想研究国际论坛文集》⑤于 2020 年出版。李远国、陈霞虽然未直接以"生命道教"为题，但内容属于"生命道教"。李远国等于 2018 年发表《存在

---

① 鲁庆中：《道：在"有"的向度上》，《中州学刊》，2006 年第 3 期，第 162—166 页。

② 谢清果：《生命道教指要》，宗教文化出版社，2009 年。

③ 詹石窗、何欣：《生命道教的几点思考》，《湖南大学学报（社会科学版）》，2018 年第 6 期，第 118—123 页。

④ 杨普春：《"生命道教"哲学建构的三重张力》，《宗教学研究》，2019 年第 4 期，第 24—29 页。

⑤ 盖建民（主编）：《生命道教暨卿希泰先生道教学术思想研究国际论坛文集》，巴蜀书社，2020 年。

与意义：道教生命哲学的理论与实践》①的论文；陈霞于2019年出版《道教身体观》②的专著，认为"道教追求'长生久视'，特别看重身体，并发展出深刻的关于身体的思想，以及提升生命质量的养生实践"。

生命哲学、生命道教都属于生命道学的范畴，有的学者还直接使用了"生命道学"的概念。张丽娟于2009年完成题为《〈关尹子〉与生命道学考论》的硕士学位论文，又于2011年发表题为《先秦道家的"生命道学"管窥》③的论文；唐少莲根据吕锡琛等出版的专著《道学健心智慧》④，于2010年发表了题为《道学的生命与生命的道学——读吕锡琛等〈道学健心智慧〉的几点体会》⑤，用"生命的道学"来概括吕锡琛的道学思想；梁琛于2019年发表题为《浅析〈老子道德经河上公章句〉中所蕴含的生命道学思想及其现世价值》⑥的论文。

吕锡琛等出版的专著《道学健心智慧》主要从心理健康角度讲生命之道，是"道学与西方心理治疗的互动研究"；张

---

① 李远国、李黎鹤：《存在与意义：道教生命哲学的理论与实践》，《四川大学生命道教论坛论文集》，2018年。

② 陈霞：《道教身体观》，中国社会科学出版社，2019年。

③ 张丽娟：《先秦道家的"生命道学"管窥》，《老子学刊》第二辑，巴蜀书社，2011年，第132—142页。

④ 吕锡琛：《道学健心智慧》，中国社会科学出版社，2008年。（吕锡琛未直接使用"生命道学"概念，但有"生命道学"视角。）

⑤ 唐少莲：《道学的生命与生命的道学——读吕锡琛等〈道学健心智慧〉的几点体会》，《伦理学研究》，2010年第4期，第139—140页。

⑥ 梁琛：《浅析〈老子道德经河上公章句〉中所蕴含的生命道学思想及其现世价值》，《西部学刊》，2019年第14期，第21—23页。

丽娟的硕士学位论文《〈关尹子〉与生命道学考论》是系统性地研究《关尹子》的生命道学智慧；张丽娟的《先秦道家的"生命道学"管窥》，具体研究了老子、关尹、列子、庄子等四大道家学派的生命道学；梁琛的论文《浅析〈老子道德经河上公章句〉中所蕴含的生命道学思想及其现世价值》，主要通过健康养生角度讲河上公的生命道学。数位学者对道家生命道学的研究起到了重要的奠基贡献，但还没有专门针对"老子生命道学"进行系统性研究与诠释构建，这是笔者试图做的一点推进，具体从生命本原、生命目的、生命超越等方面构建系统性的老子生命道学。

二、今本《老子》的生命智慧

"今本《老子》的生命智慧"一章，从"道：生命的本原""成为圣人：生命的目的""死而不亡：生命的超越"等三个方面系统性体现了今本《老子》的生命智慧。

（一）"道：生命的本原。"从三个维度展开，即本原的性质、本原与人的关系、人与本原的连接。本原的性质维度，老子认为道是无为的。本原与人的关系维度，老子认为道生万物，道、人关系是同质关系。人与本原的连接维度，老子认为道生德畜，德来自于道，通过德而得道。

（二）"成为圣人：生命的目的。"从三个维度展开，即存在的根基、存在的目的、存在的价值。存在的根基维度，老子认为是与道同在。存在的目的维度，老子认为是成为圣人。存在的价值维度，老子认为是见素抱朴。

（三）"死而不亡：生命的超越。"从两个维度展开，即超越死亡的途径、超越死亡后的生命状态。超越死亡的途径维度，老子认为是死而不亡，生命有死而价值不亡。超越死亡后的生命状态维度，老子认为是虚静，虚静是合道的生命状态。

三、楚简《老子》的生命智慧

"楚简《老子》的生命智慧"一章，从"内圣外王：修治路径""体有用无：体用关系""道恒自然：自然之道"等三个方面呈现了楚简《老子》的生命智慧。

（一）"内圣外王：修治路径。"楚简《老子》甲本是一个完整的思想体系，这个体系依照内圣外王的结构秩序展开。内圣即成为圣人，外王即圣人治世。内圣的具体路径是人法天地、人法道、人法自然，外王的具体路径是圣人欲不欲、圣人好静、圣人无为、圣人无事。老子的内圣是修身路径，体现在"天"人关系里；外王是治世路径，体现在君民关系里。

（二）"体有用无：体用关系。"道是老子道学的核心理念、逻辑起点，而道与有无的关系问题，以及有无与体用的关系问题，都关涉老子道学的元问题。由于长期受到今本《老子》的"天下万物生于有，有生于无"的影响，把单一的无作为道的内涵，导致无的地位高于有的地位，与"有无相生"的原文相悖论，从而遮蔽了道作为有无同构的向度。由于长期受到今本《老子》作为"道·德经"的影响（以及今本《老子》的"道生之、德畜之""万物莫不尊道而贵德"的影响），把道作为体，德作为用，而遮蔽了道本身是道体与道用的二重性，导致了有无问题与体用问题相割裂。笔者结合楚简《老子》甲本的"天下之物生于有、生于无"等原文，重建检讨这些流行观点，从而自洽理解老子道学的有无与体用的关系——道作为有无同构的内涵、道作为道体之有与道用之无的有机统一（道体指向本原之道，道用具体指向治国之道）。

（三）"道恒自然：自然之道。"近些年学界掀起了一股"道家自然哲学"研究热，成果丰硕。但在老子"自然"哲学研究方面，通常是共时性地对待《老子》文本。如果从《老子》楚简本、汉帛本、今本的文本历时性差异来看，老子"自然"思想不是静态的，它是发展的。所见最早的《老子》文本——楚简《老子》甲本提出的两次自然分为天道自然（"道法自然"）与治道自然（"是故圣人能辅万物之自然，而弗能为"）两个层面。今本《老子》所增加"自然"，是对楚简《老子》甲本的具体深化。增加的"道之尊，德之贵，夫莫之命而常自然"属于天道自然，是进一步明确"道法自然"即道"常自然"，汉帛《老子》作"恒自然"，亦即道"恒自然"。道"恒自然"表达为"道法自然"是修辞需要，为了整句（"人法地，地法天，天法道，道法自然"）的句式统一。在《尔雅·释诂》里，法与恒、常作为邻列，是义通的同义词。"道法自然"作道"恒自然"，可以避开对"道法"之"法"的无谓争论，并克服"道法自然"的诠释困境。"恒自

7

然"是道的本体性，是先在的，不支配万物（"夫莫之命"），不强加意志于万物。"道法自然"（道"恒自然"）与"道恒无为"是同一的，"道法自然"（道"恒自然"）是肯定性表达，"道恒无为"是否定性表达。

今本《老子》与楚简《老子》有一定的差异性，这本身体现了《老子》是学派著作，非一人一时之作。但不论什么版本的《老子》，最终以同一个名称《老子》来命名，这就决定了它们是同一个学派，有共同的思想旨趣。老子学派"言有宗，事有君"，万变不离其宗就是道，都把道作为本原，同时都关切生命的成全，尤其是个体生命的自由。因为老子学派的道最终是落在生命之道上，这就是本书以《老子生命道学》命名来统摄各大版本的缘由。

第一章　今本《老子》的生命智慧

第一节　道：生命的本原

人与动物的一大差异，是人有自我意识，能意识到生死，人既能意识到自己的存在，也能意识到自己是要死亡的，"动物从不真正知道死亡为何物"①。人之生，必然涉及存在的目的、价值，这是人的意义问题；人之死，让人意识到人的生命的有限性，涉及死亡的超越问题。这两大问题都是人的终极问题，而这两大问题又需要建立在一个根基之上，即人从哪里来的问题，这是人的本原问题。

生命的出现是一个奇迹，"人为何是存在的"之哲学难题是一个千古之谜，古今中外的哲学家和宗教家都在为此难题而乐此不疲地探索。海德格尔在《形而上学导论》一书中，开

---

① ［德］叔本华：《叔本华论说文集》，范进，柯锦华，秦典华，孟庆时译，商务印书馆，1999 年，第 421 页。

篇便提出"究竟为什么存在者存在……"①，把此问题作为形而上学的首要问题，"这问题恐怕不是一个普普通通的问题"②。古希腊的柏拉图，把"理念"作为本体，"理念"是现象世界存在的根据，"理念"是完美的，现象世界是残缺的，现象世界是对"理念"的模仿和分有。

老子把道作为万物存在的根据，世界的本原是道，"道生一，一生二，二生三，三生万物"（今本《老子》第42章）。

一、无为：道的性质

老子认为，世界的本原是道，"道生一，一生二，二生三，三生万物"（今本《老子》第42章），"可以为天下母"（今本《老子》第25章）。詹石窗说："大道是宇宙的本元（原），是生养万物的源泉，是万物的总归宿。"③ 而道是无为的，"道常无为"（今本《老子》第37章）。王弼认为无为即"顺自然"④，河上公认为无为即"不造作"⑤，当代学者有的认为无为即"不妄为"，有的认为是"不人为"。这些解释丰富了无为的内涵，但到底何为"顺自然"，"不造作"，"不妄为"，"不人为"呢？还需要进一步明确。笔者认为，老子的无为是

① ［德］海德格尔：《形而上学导论》，熊伟，王庆节译，商务印书馆，1996年，第3页。
② ［德］海德格尔：《形而上学导论》，熊伟，王庆节译，商务印书馆，1996年，第3页。
③ 詹石窗：《大道论》，宗教文化出版社，1996年，第5、15、19页。
④ 见王弼《老子道德经注》对第37章"道常无为"一句的注释。
⑤ 见《老子道德经河上公章句》对第3章"为无为"一句的注释。

指不强加意志。道不强加意志于万物，圣人不把意志强加于百姓。许抗生也提到了类似的看法，"无为是不加主观意志的顺应自然而已"①。无为是自身对意志的超越，不被意志所奴役，同时也包括不把意志强加给他者。

无为就是不强加意志，这种理解还可以找到文字学上的依据。"为"字的甲骨文是𤓷，从爪从象，原意是人对"象"进行驯化（驯象），驯化意味着改变自然状态，是强加人的意志，所以"为"的本义是意志的强加，故而无为也包含不强加意志的意思。意志的彰显又体现为欲望的启动，意志在叔本华看来，就是一种原欲，"意志的肯定就是不为任何认识所干扰的，常住的欲求本身，一般弥漫于人类生活的就是这种欲求"②。所以老子特别主张对欲望的消减，"少私寡欲"（今本《老子》第19章），"常使民无知无欲"（今本《老子》第3章），甚至认为只有无欲的状态才能体验到道的存在："常无欲，以观其妙"（今本《老子》第1章）。无为意味着欲望的克制，而欲望的克制正是意志的否定，"这个人便达到了自动克制欲求与世无争的状态，达到了真正无所为和完全无意志的状态"③。事物都有一个本然状态，而意志的发动都会背离本然状态。执政者如果彰显意志，更是破坏了自发的秩序，因而

① 许抗生:《当代新道家》，社会科学文献出版社，2013年，第445页。

② ［德］叔本华:《作为意志和表象的世界》，石冲白译，商务印书馆，1982年，第445页。

③ ［德］叔本华:《作为意志和表象的世界》，石冲白译，商务印书馆，1982年，第517页。

意志的发动意味着以失败告终，"为者败之"（今本《老子》第 64 章）。无为则不强加意志，是对本然状态的保持，因而无为也可以理解为素朴性、非智性。老子把初生婴儿——赤子作为一个比喻和坐标，也是为了突出素朴性、非智性。

智性是一种愿望的驱动，是为意志服务的。智性的彰显，是一种背离素朴的大伪，"慧智出，有大伪"（今本《老子》第 18 章）。叔本华也论述了智性和意志的关系，"智慧仍然是意志恒久的奴隶"[①]。因而需要超越智性，"绝圣弃智"[②]（今本《老子》第 19 章），"绝学无忧"（今本《老子》第 20 章）。老子认为智性治国是混乱的根源，"故以智治国，国之贼；不以智治国，国之福"（今本《老子》第 65 章），"常使民无知无欲，使夫智者不敢为也"（今本《老子》第 3 章），"明白四达，能无知乎"（今本《老子》第 10 章）。从而主张愚朴的社会，"古之善为道者，非以明民，将以愚之"（今本《老子》第 65 章）。愚朴即素朴，不是愚昧、愚民。老子认为自己也愚，"我愚人之心也哉"（今本《老子》第 20 章），这种愚是大智若愚。圣人超越对待性的善恶分别，"善者吾善之，不善者吾以善之"（今本《老子》第 49 章），"故无弃人"（今本《老子》第 27 章）。老子主张"报怨以德"（今本《老子》第 63 章），不同于孔子主张的"以直报怨"（《论语·宪问》）。

---

① ［德］叔本华：《叔本华论说文集》，范进，柯锦华，秦典华，孟庆时译，商务印书馆，1999 年，第 685 页。
② 楚简《老子》甲本为"绝智弃卞"。

老子把道作为世界的本原，而道是无为的，具体表现为道无欲，道隐而不显，道不干预万物等几个方面。

第一，道的无为表现为道无欲。"大道泛兮，其可左右……衣养万物而不为主，常无欲，可名于小"（今本《老子》第 34 章），这里的"常无欲"的主语是前边的"大道"，是说道"常无欲"。道生了万物而不主宰万物，这正是道无欲的主要体现，"衣养万物而不为主"（今本《老子》第 34 章）。人的欲望的彰显是一种危险，"咎莫大于欲得"（今本《老子》第 46 章），"金玉满堂，莫之能守；富贵而骄，自遗其咎"（今本《老子》第 9 章）。感官欲望的满足，还会伤害身心，阻碍人对道的体悟，"五色令人目盲，五音令人耳聋，五味令人口爽，驰骋畋猎令人心发狂，难得之货令人行妨"（今本《老子》第 12 章）。执政者如果骄奢纵欲，也会搅扰人心，作为完满的执政者——圣人，则否定欲求，"我无欲而民自朴"（今本《老子》第 57 章），"常使民无知无欲"（今本《老子》第 3 章）。执政者的贪欲是社会危机产生的根本原因，"老子明确指出，社会的危机的产生，其根本原因就在于在上者的私心膨胀，贪得无厌"①。当处于无欲状态，就不会因外在的名利而枉费心机，"名与身孰亲？身与货孰多？得与亡孰病？是故甚爱必大费，多藏必厚亡"（今本《老子》第 44 章），"是以圣人欲不欲，不贵难得之货"（今本《老子》第 64 章）。当对

---

① 许抗生：《当代新道家》，社会科学文献出版社，2013 年，第 23 页。

外在名利没有追求时，就无须与人相争，"夫唯不争，故天下莫能与之争"（今本《老子》第22章）。老子提出"无欲"是一种哲学上的极致，是一种理想主义；在实践层面，老子其实并非主张"无欲"之禁欲主义，而是主张"少私寡欲"（今本《老子》第19章）。

第二，道的无为表现为道隐而不显。老子说："道隐无名。"（今本《老子》第41章）道是一种形而上存在，看不见，听不到，摸不着，"视之不见名曰夷，听之不闻名曰希，搏之不得名曰微。此三者，不可致诘，故混而为一"（今本《老子》第14章）。道是无形无象，隐而不显，而万物是有形有象，是显现的，道可以说是万物的奥秘，"道者万物之奥"（今本《老子》第62章）。道不能被人进行理性认识，道亦不主动地显示于人，道只能靠人主动地去用心体悟，这种体悟需要静穆、静观，"故常无欲，以观其妙"（今本《老子》第1章），"致虚极，守静笃"（今本《老子》第16章）。老子认为虚静的状态犹如婴儿的状态，"复归于婴儿"（今本《老子》第28章），这种状态可以称为直觉。克罗齐则借婴儿的状态来理解直觉，"婴儿难辨真与伪，历史和寓言，这些对于他都无分别。这事实可以使我们约略明白直觉的纯朴心境"①。婴儿的状态其实就是无知无欲的状态，《庄子·大宗师》也认为欲望阻断了人与道的关系："其嗜欲深者，其天机浅。"王阳明

---

① ［意］克罗齐：《美学原理》，朱光潜译，商务印书馆，2008年，第4页。

14

则认为，无私无欲的心本身就是天理，"……心即理也。此心无私无欲之蔽，即是天理"（《传习录·徐爱录》）。道超越私情，不分亲疏，"天道无亲"（今本《老子》第79章）。天地和圣人也超越私情，不分亲疏，"天地不仁，以万物为刍狗。圣人不仁，以百姓为刍狗"（今本《老子》第5章），"故不可得而亲，不可得而疏"（今本《老子》第56章）。老子推崇超越私心私情的思想，也是在推崇一种大公无私的公天下的思想。当社会开始推崇仁义时，是社会背离了大道的结果，"大道废，有仁义"（今本《老子》第18章），所以老子主张"绝仁弃义"（今本《老子》第19章）。

第三，道的无为表现为道不干预万物（不主宰万物）。道虽然生了万物，"道生一，一生二，二生三，三生万物"（今本《老子》第42章），但道并不干预万物，不主宰万物，"衣养万物而不为主"（今本《老子》第34章），"生而不有，为而不恃，长而不宰"（今本《老子》第51章）。作为完满的执政者——圣人，遵循道的法则，对民也不采取干预和主宰，民仅仅知道圣人的存在，而不知其作为，"太上，下知有之"（今本《老子》第17章）。圣人顺应万民的本然状态，不敢发端自己的意志，"以辅万物之自然，而不敢为"（今本《老子》第64章）。圣人不干预，不发端自己的意志，最终是为了实现民自化、自由，"故圣人云：我无为而民自化"（今本《老子》第57章）。圣人无为，也就是不把自己的意志强加于百姓，"圣人无常心，以百姓心为心"（今本《老子》第49章）。圣人不以虚妄的人间价值来教化万民，"行不言之教"（今本《老子》第2章）。在老子看来，知"道"的人不言教，言教的人不知

"道"，"知者不言，言者不知"（今本《老子》第 56 章）。

二、道生万物：道、人关系

道、人关系表现为三个方面：道与人是生与被生的关系，道是本原，人由道所生；道与人是合一关系，道是无限的，人是有限的，但人如果与道同在，便可以实现无限性，即人有超越有限通向无限的可能；道与人是平等的关系，道不是高高在上的主宰者、审判者。

第一，道与人是生与被生的关系。老子认为，道是本原，是万物的起始，"天下有始，以为天下母"（今本《老子》第 52 章），"有物混成，先天地生"（今本《老子》第 25 章）。即道是先于万物的，也是先于人的，人由道所生。道作为本原，张岱年把道论作为本根论，道即本根，"关于本根，最早的一个学说是道论，认为究竟本根是道。最初提出道论的是老子"①。道是从无中生出了有，"天下万物生于有，有生于无"（今本《老子》第 40 章）。道生万物，是依着先后秩序而生出的，"道生一，一生二，二生三，三生万物"（今本《老子》第 42 章）。"'道'……是无时间性的永恒存在，'万物'则是有时间性的有限存在，那么这一过程是如何从永恒到有限的？正是由于'生'的作用。"② 道与万物（道与人）是生与被生

① 张岱年：《中国哲学大纲》，昆仑出版社，2010 年，第 22 页。

② 王骏：《从"道生"与"神说"看中西经典诠释思想之异同——以〈道德经〉和〈圣经〉为例》，《沈阳工业大学学报（社会科学版）》，2015 年第 3 期，第 286 页。

的关系，生即生成，而不是创造。"'道生万物'的生，不能理解为'生殖'，而应理解为'成'，即生化、分化、演化、发展。"①

第二，道与人是合一关系。道是无限的，人是有限的，但人如果与道同在，便可以实现无限性，即人有超越有限通向无限的可能。当人与道同在，就不再是有限的人，而是无限的完满的人——王，王和天、地、道就同样具有了无限性，"道大，天大，地大，王亦大"（今本《老子》第25章）。有的《老子》版本如傅奕本、范应元本是"人亦大"，显然不符合《老子》的整体精神，作为有限的人怎能与道同为大呢？"王亦大"的版本是符合老子整体精神的。王不等于政治意义上的君王、帝王，而是具有精神完满意义的通道的人——圣人，当然圣人也是要参与治国的，老子所说的王也即内圣外王的圣王。《庄子》也认为王和圣具有同一性，"圣有所生，王有所成，皆源于一"（《庄子·天下》）。王也就是道者（得道者），与道同在的人，"故从事于道者，道者同于道"（今本《老子》第23章）。人效法道的过程，是意志否定的过程，"为道日损。损之又损，以至于无为"（今本《老子》第48章）。人效法道的过程即是为道的过程，是需要做减法，逐步地否定意志，最终彻底否定权力意志，达到无为的状态，这就是圣人的状态。道是人的行事法则，道"可以为天下母"（今本《老子》第25

---

① 陈鼓应，白奚：《老子评传》，南京大学出版社，2001年，第120页。

17

章），人效法道与道保持一致便是一种完满，"人法地，地法天，天法道，道法自然"（今本《老子》第 25 章）。道是无为的，即道不强加意志于万物，"道常无为"（今本《老子》第 37 章）。圣人也是无为的，即圣人不强加意志于人，"圣人处无为之事，行不言之教"（今本《老子》第 2 章）。意志超越的状态就是"与道同在的我"忘却"与欲同在的我"，《庄子》里表述为"吾丧我"（《庄子·齐物论》）。这种意志超越的状态，叔本华称为"优良意识"，"（叔本华）的'优良意识'正是以这样的方式面对着世界，只是正因为这个世界再也无法对'自我'起作用了"①。道是素朴的，"道常无名，朴"（今本《老子》第 32 章）。圣人也是素朴的，"见素抱朴"（今本《老子》第 19 章），"复归于朴"（今本《老子》第 28 章）。道的运用方式是柔弱的，"反者道之动，弱者道之用"（今本《老子》第 40 章）。圣人也是贵柔的，"是以圣人之治，虚其心，实其腹，弱其志，强其骨"（今本《老子》第 3 章），"知其雄，守其雌，为天下溪。为天下溪，常德不离，复归于婴儿"（今本《老子》第 28 章）。道是"损有余而补不足"（今本《老子》第 77 章），圣人也是"有余以奉天下"（今本《老子》第 77 章）。圣人不积累财富，越是给予别人，自己的精神世界就越富有，"圣人不积，既以为人己愈有，既以与人己愈多"（今本《老子》第 81 章）。

---

① ［德］萨弗兰斯基：《叔本华及哲学的狂野年代》，钦文译，商务印书馆，2010 年，第 218 页。

第三，道与人是平等的关系。道不是高高在上的主宰者、审判者。人可以与道同在，只是人需要去发现道、体悟道和同于道。道可以通过体悟的方式去直观它，"故常无欲，以观其妙"（今本《老子》第1章）。当人的心灵达到一种无欲、静观的状态，便可以照见道的奥秘。老子把这种体悟状态又称为"致虚极，守静笃"（今本《老子》第16章）。体悟的状态是一种直觉的认识方式，不是一种理性分析的认识方式，因而需要内心的虚静，需要闭合感官和欲门，"塞其兑，闭其门"（今本《老子》第56章），达到一种没有分别的，不是二元对立的整全状态，"是谓玄同"（今本《老子》第56章）。"老子用诗意的警句讨论道。他求助于我们的'自然本能'或直觉。"①《庄子·齐物论》表述为："道通为一。"因而，道与人之间并不是阻隔的、分离的，而是畅通的、连接的，可以达到一种道、人合一（天人合一）的状态。老子的思维方式属于直觉，是"我悟故我在"，而不同于西方的理性、分析——"我思故我在"（笛卡尔语）。如果说西方擅长于思辨，东方尤其老子则是擅长于直觉（静观）。直觉（静观）的状态也是一种不彰显意志的状态，佛教也有否定意志的思想，当人的心不执着于外在事物时，便是一种意志否定的状态，"心无挂碍"，"五蕴（五蕴指色、受、想、行、识）皆空"（《心经》）。人通过直觉（静观）与道同在，"道者同于道"（今本《老子》

① ［美］索希奥：《哲学导论——智慧的典范》，王成兵译，北京师范大学出版社，2014年，第26页。

第23章），说明道不是高高在上的，道与人不是阻隔的，突出了一种平等的道人关系。这里的道者指得道的人（得道者），不是指本原之道。

三、道生德畜：人、道连接机制

道作为本原，是先在的。万物由道所生，人也由道所生，"夫'道'也者，取乎万物之所由也"（王弼《老子指略辑轶》）。道与人之间并不是分离的，其中连接的桥梁便是德，"道生之，德畜之"（今本《老子》第51章）。"德畜之"，通常可以解读为"德育之"。德是道赋予人的先天本真人性，德在楚简《老子》里作"悳"，从直从心，意指本心。但人的后天欲望彰显之后，德被遮蔽："失者同于失"（今本《老子》第23章），这就需要重新复归，与道同在："夫物芸芸，各复归其根。"（今本《老子》第16章）

老子的德有别于孔子的德，老子的德超越仁义道德意义，而孔子的德是仁义道德意义，老子明言："大道废，有仁义"（今本《老子》第18章），"绝仁弃义"（今本《老子》第19章）。"（老子）这里的'德'不具有伦理的含义"①，老子的德即性，即道赋予人的原初性。人的原初性，在心性上就表现为本心。人未被文化、社会异化的原初性，那就是犹如初生婴儿时期的本心状态，"含德之厚，比于赤子"（今本《老子》

---

① 刘小枫：《拯救与逍遥（修订本）》，华东师范大学出版社，2011年，第200页。

第 55 章）。哲学家叔本华也很主张人的这种原初性，"唯有与生俱来的才是真实的，才是完好无缺的；任何想要有所作为的人不论是在实际生活中，还是在文学中，抑或在艺术中，都必须做到无意识地恪守自然法则"①。德是来源于道的，是道赋予人的原初性、本性，"孔德之容，惟道是从"（今本《老子》第 21 章）。"所谓'德'，便是物得之于'道'的本性。"② 亦即德分有了道性，"生而不有，为而不恃，长而不宰，是谓玄德"（今本《老子》第 51 章）。道生了人，而不占有人，不干预人，不主宰人。道是一种大德、元德，即"玄德"。人生于道，人依据于德，所以道和德是人实现完满的根本坐标，"是以万物莫不尊道而贵德"（今本《老子》第 51 章）。人的本原是道，本性是德，一道一德就是人的依归，所以《老子》又名《道德经》。宋徽宗在《御注西升经序》中说："万物莫不由之谓之道，道之在我谓之德。道、德，人所固有也。"孔子也讲道和德，但孔子的道和德还在仁义的范围里。在老子看来，仁义是失去大道后的末端表现，"大道废，有仁义"（今本《老子》第 18 章）。也就是用仁义替代根本之道，在老子看来，这是历史的退步，"故失道而后德，失德而后仁，失仁而后义，失义而后礼。夫礼者，忠信之薄，而乱之首"（今本《老子》第 38 章）。所以老子反对仁义治国，也反对礼治，认

---

① ［德］叔本华：《叔本华论说文集》，范进，柯锦华，秦典华，孟庆时译，商务印书馆，1999 年，第 455 页。
② 陈鼓应：《老子新论》，中华书局，2015 年，第 37 页。

为礼治是社会混乱的罪魁祸首，"夫礼者，忠信之薄而乱之首"（今本《老子》第 38 章）。老子也反对专制社会的烦琐法令，认为这些也会导致社会的叛逆，"法令滋彰，盗贼多有"（今本《老子》第 57 章）。之所以如此论断，是老子主张素朴，认为背离素朴的一切巧智都会导致巧伪，"慧智出，有大伪"（今本《老子》第 18 章），"故以智治国，国之贼"（今本《老子》第 65 章）。

德的状态是不争、包容、为公。首先，有德之人柔弱不争，虚怀若谷，谦卑不盈，"上德若谷，大白若辱，广德若不足，建德若偷"（今本《老子》第 41 章）。不争是一种和平思想，反对战争，"善为士者不武，善战者不怒，善胜敌者不与，善用人者为之下，是谓不争之德"（今本《老子》第 68 章）。老子认为，如果坚持不争的思想，依道而行，连鬼也不会对人产生伤害作用，"以道莅天下，其鬼不神；非其鬼不神，其神不伤人；非其神不伤人，圣人亦不伤人。夫两不相伤，故德交归焉"（今本《老子》第 60 章），老子解构了鬼的地位。其次，有德之人，宽厚包容，"善者吾善之，不善者吾亦善之，德善。信者吾信之，不信者吾亦信之，德信"（今本《老子》第 49 章）。善待不善者，老子称之为"报怨以德"（今本《老子》第 63 章）。叔本华认为："人以非义加于我，并非使我有权以非义加于人。以怨报怨而别无其他意图，既不是道德的，也没有任何理性上的根据可以把它说成是合理的。"① 耶稣也

---

① ［德］叔本华：《作为意志和表象的世界》，石冲白译，商务印书馆，1982 年，第 475 页。

有爱仇敌的思想，孔子则主张"以直报怨"（《论语·宪问》）。最后，有德之人，具有公心，超越一己之私，"圣人无常心，以百姓心为心"（今本《老子》第 49 章）。圣人不积累财富，而善于给予，"圣人不积，既以为人己愈有，既以与人己愈多"（今本《老子》第 81 章），"孰能有余以奉天下，唯有道者"（今本《老子》第 77 章）。公心就是超越小我，超越自我与他者的对立，"对于我们想象中的这位崇高的人则相反，对于他，人我之分就不是那么重要了"①。有德之人，还超越巧智，与道同在，"以智治国，国之贼；不以智治国，国之福。知此两者亦稽式。常知稽式，是谓玄德。玄德深矣，远矣"（今本《老子》第 65 章）。需要超越巧智，方能通向大道，"绝圣弃智"②（今本《老子》第 19 章）。

人通过德而连接道，其方式和途径便是复归。也就是人的德是先天具有的，需要复归，但复归的过程是一个超越的过程。比如人的原初性：婴儿状态，是无知无欲的，而复归的过程是经历了有知有欲的过程，而又超越了有知有欲。一方面，从人无知无欲走向有知有欲，这是必然的过程；另一方面，从有知有欲再次走向无知无欲的过程，是一个超越的觉悟的过程，是否定之否定的过程。复归于人的原初性，就是复归于婴儿之心，而婴儿之心也就复归了道：无极，而道的状态是素朴

---

① ［德］叔本华：《作为意志和表象的世界》，石冲白译，商务印书馆，1982 年，第 508 页。

② 楚简《老子》甲本为"绝智弃卞"。

的，"常德不离，复归于婴儿……常德不忒，复归于无极……常德乃足，复归于朴"（今本《老子》第28章）。人从无知无欲的婴儿，到有知有欲的社会人，是"为学日益"（今本《老子》第48章）；从有知有欲的社会人，到高级阶段的无知无欲的圣人，是"为道日损"（今本《老子》第48章）。"为道日损"的过程，就是意志消减的过程，直至意志的彻底熄灭，"损之又损，以至于无为"（今本《老子》第48章），"随着意志的取消，意志的整个现象也就取消了"①。而这样的状态就是符合道的状态，是与道同在的状态。复归的过程也是一个修道的过程，而每个人的修道程度有高有低，这取决于为公的广度，这就是人的德的广度。人的德的广度分别是身、家、乡、国、天下的范围逐步延伸，这也是老子思想中的内圣外王之道。老子是具有社会责任感的，"修之于身，其德乃真；修之于家，其德乃余；修之于乡，其德乃长；修之于国，其德乃丰；修之于天下，其德乃普"（今本《老子》第54章）。"老子是入世的，对社会现实问题极其关注，并在自己的思想中努力对社会治理和社会发展方向提出见解。"② 我们还可以把老子"为学"与"为道"的区分，作为知识教育与生命教育的区分，作为学科教育与通识教育的区分。

---

① ［德］叔本华：《作为意志和表象的世界》，石冲白译，商务印书馆，1982年，第559页。

② 张迅（唐逸指导）：《爱之上帝与生命之道——基督教文化与道家文化的价值观比较》，中国社会科学院研究生院博士学位论文，基督教思想史专业，2000年，第70页。

第二节 成为圣人：生命的目的

生命本原属于本原论范畴，即"人从哪里来"的问题。而生命意义属于价值论范畴，即"人到哪里去"的问题。人的存在与动物的生存有本质的区别，其中一个差异就是人的存在是一种价值存在，而动物的存在是一种本能生存。叔本华说："一个动物被安置在某一环境里，它就得局限在自然给它安排的这个狭小圈子里。"① 叔本华还说："较低等的动物只具有它所属的类的一般特征，而人是唯一能够声称具有个性特征的生物。"② 人有自我意识，能意识到自己的存在，对自我具有反思的能力，而动物是本能地生存在先天所具有的规定性里。人是一种价值存在，具有追求价值、发现价值的意志与能力，各大哲学家都试图为人类确立价值，老子也不例外。

老子在构建人的价值时，不是直接给定一种价值，而是把价值建立在与本原的关系之上。老子认为，道是人确立价值的依据。道既是本原存在，本身又蕴含着价值存在。老子认为人由道所生，人的价值离不开人与道的关系。当然休谟和康德并不赞同本原与价值的直接关联性，"……休谟所提出的实然与

---

① ［德］叔本华：《叔本华论说文集》，范进，柯锦华，秦典华，孟庆时译，商务印书馆，1999 年，第 7 页。
② ［德］叔本华：《叔本华论说文集》，范进，柯锦华，秦典华，孟庆时译，商务印书馆，1999 年，第 451 页。

应然的问题，也就是能否从实然命题推出应然命题"①，"在康德那里，存在（Sein）和应当（Sollen）之间彼此没有什么关联。"②

一、与道同在：生存的根基

天人关系是中国哲学的重要内容和特色，天不只是自然意义的天，更是本原意义的天，是能生万物的天（天道）。天人关系在老子思想里，实际就是道、人关系。在老子思想里，道是本原，能生万物。天人关系有两种主要可能性，一种是天人合一，一种是天人分离。大体来说，中国哲学更主张天人合一，"中国哲学中，关于天人关系的一个有特色的学说，是天人合一论"③；西方哲学更主张天人二分。主流的西方哲学认为人是主体，世界是客体，世界是人的认识对象，人与世界保持着一种距离。老子思想注重天人合德，即道、人合德。

老子认为，得道的人——道者，是与道同在的："道者同于道。"（今本《老子》第23章）人与道的合一、同一，老子认为是最终极的同一："是谓玄同。"（今本《老子》第56章）得道的人——道者，也就是圣人。老子的道、人合一的思想，对后世道家以及整个中华文化的影响都是深远的。《庄子》受

① 刘笑敢：《老子古今》，中国社会科学出版社，2006年，第152页。
② ［德］萨弗兰斯基：《叔本华及哲学的狂野年代》，钦文译，商务印书馆，2010年，第355页。
③ 张岱年：《中国哲学大纲》，昆仑出版社，2010年，第204页。

到老子思想的影响，《庄子·齐物论》把道、人关系表述为"道通为一"。在儒家经典《中庸》开篇，也一样体现了天人合一的思想，"天命之谓性，率性之谓道"。"天命之谓性"是讲本原的天，是天道，"率性之谓道"是讲人，是人道，人道要合乎天道。老子还把与道同在的思想用在治国理想里，提出了同道与离道（有道与无道）两种社会状态："天下有道，却走马以粪。天下无道，戎马生于郊。"（今本《老子》第46章）有道社会无事安民："悠兮其贵言，功成事遂，百姓皆谓我自然。"（今本《老子》第17章）无道社会，则是扰民折腾，对民构成了侵害："是为盗夸。"（今本《老子》第53章）离道的做法，必然不可长久："强梁者不得其死"（今本《老子》第42章），"物壮则老，谓之不道，不道早已"（今本《老子》第55章）。

老子主张天人合德，表现为与道同在，同时为与道同在给出了理由。主要表现为正反两个方面。一方面，老子认为，人由道所生，所以人要与道同在。道是本原，是生万物的根本："道生一，一生二，二生三，三生万物。"（今本《老子》第42章）老子认为世界是有起点的，这个起点就是道，道作为万物的本原。由于道和人是不分离的，知道了道就知道了人，知道人就要守道，从而与道同一："天下有始，以为天下母。既得其母，以知其子，既知其子，复守其母，没身不殆。"（今本《老子》第52章）人与道同一的状态，表现为人的德，德就是人从道那里获得的道性，即人的原初性、先天性，也就是本性、本然、本心。"所谓'德',便是物得之于'道'的本性。"① 德总是与道保持一致性、合一性:"孔德之容,惟道是从。"(今本《老子》第21章)另一方面,老子认为,如果人与道分离,个人和社会都会出现异化。人与道的合一状态,是人的人性、本然得到了呈现,当人与道分离时,人遮蔽了自己的本性、本然,而突出了人为之巧智,老子认为这是巧伪的开始:"慧智出,有大伪。"(今本《老子》第18章)因而老子认为儒家的德、仁义礼是脱离道的表现。道是根本,儒家的德、仁义礼只不过是末端表现:"故失道而后德,失德而后仁,失仁而后义,失义而后礼。"(今本《老子》第38章)老子尤其反对礼本位的作用,认为那是末端之末端,是背离道最大的,因而礼治就是社会动乱的罪魁祸首:"夫礼者,忠信之薄,而乱之首。"(今本《老子》第38章)许抗生认为:"老子提出了对治和克服中华礼义文明危机的思想。"② 当执政者不守根本的道,而发端私欲和智性,老子认为这也是腐败政治产生的根源,老子对腐败政治进行了描述,"朝甚除,田甚芜,仓甚虚;服文彩,带利剑,厌饮食,财货有余"(今本《老子》第53章)。老子认为执政者的腐败行为,又正是社会混乱的带头人,这都是背离道的行为,"是为盗夸,非道也哉"(今本《老子》第53章)。詹石窗说:"老子生活的春秋时期,在某种程度上已经出现人性病,以至于智巧、浮华成为掌权者粉饰

---

① 陈鼓应:《老子新论》,中华书局,2015年,第37页。
② 许抗生:《当代新道家》,社会科学文献出版社,2013年,第24页。

自我、欺骗民众的工具，故而老子不得不大声呐喊，警诫世人回归质朴的本初状态。可见老子是具有大医眼界的。"①

人如何做到与道同在，老子也给出了路径。首先，是体道，真切地体验到道的存在。这涉及认识道的方法，也就是哲学上讲的认识论。老子的认识论，主张直觉静观，而不是理性认识。"老子明确指出，不要企图用有限的理性的连贯性去清晰地表述道。"②"道不是认知或逻辑把握的范畴。"③理性认识靠逻辑的推理和演绎，而直觉的认识靠心灵的体悟，所以老子强调静观。老子认为靠理性认识是无法认识到道的，只有靠心灵直觉所体悟的道才是终极的道，而心灵直觉的状态就是理性逻辑退场的状态，是无知无欲的静穆状态："故常无欲，以观其妙。"（今本《老子》第1章）所以老子特别强调虚静的生命状态："致虚极，守静笃。"（今本《老子》第16章）警惕欲望彰显而干扰静观心境："塞其兑，闭其门。"（今本《老子》第56章）"老子要求审美主体必须排除一切主客观因素的干扰，内心虚静，然后方能洞察宇宙，览知万物。"④庄子和惠子辩鱼，体现的就是庄子的静观（直觉）和惠子的理性

---

① 詹石窗：《老子"以质为医"思想考论》，2020年10月25日在西安外事学院老子学院大道论坛上的发言。

② ［美］索希奥：《哲学导论——智慧的典范》，王成兵译，北京师范大学出版社，2014年，第27页。

③ ［美］索希奥：《哲学导论——智慧的典范》，王成兵译，北京师范大学出版社，2014年，第30页。

④ 张少康：《中国文学理论批评史教程（修订本）》，北京大学出版社，2011年，第29页。

（逻辑）之别。道之所以不能用理性逻辑去认识，是因为道是没有规定性的，"道常无名，朴"（今本《老子》第32章）。其次，是行道，老子主张人要以道为法则，而不是彰显人的巧智，"人法地，地法天，天法道，道法自然"（今本《老子》第25章）。也即人要尊道而行，"是以万物莫不尊道而贵德"（今本《老子》第51章）。老子主张与道同在，而世俗的世界往往是背道而驰的，所以老子对世俗世界保持着一种警醒，担心人沉沦于世俗而遗忘了与道同在，"我独异于人，而贵食母"（今本《老子》第20章）。这体现出了老子的特立独行，不沉沦于世俗，而崇尚守道（食母，即守道。道为母，今本《老子》第25章："可以为天下母"）。人法道，而道是无为的，所以人也要无为，"道常无为"（今本《老子》第37章）。得道的人——圣人就是遵循无为行事，"是以圣人处无为之事，行不言之教"（今本《老子》第2章）。人法道，而道是无名的，所以人也要遵循无名，"道常无名，朴"（今本《老子》第32章）。得道的人——圣人就是遵循无名的原则，"是以圣人为而不恃，功成而不处"（今本《老子》第77章），"功成不名有"（今本《老子》第34章），"不自见故明"（今本《老子》第22章）。《庄子》则直接表述为"圣人无名"（《庄子·逍遥游》）。

二、成为圣人：生命的目的

老子认为，人是不完满的，人应该超越自己，成为完满的人，而完满的人就是圣人，圣人作为得道者（道者）是与道同在的，"道者同于道"（今本《老子》第23章），"是以圣人抱一为天下式"（今本《老子》第22章）。

道是完满的，圣人又是通道的人，所以圣人是完满的。在柏拉图的哲学里，本体之理念（idea）是完满的，而现象是不完满的。在今本《老子》中，"道"和"圣人"都是高频率词，"道"一共出现了76次，"圣人"一词出现了31次。之所以如此，是老子把道作为人的本原，把圣人作为人的存在目的，也就是来于道而成于圣人。圣人与道同在，是得道者，所以老子也把圣人叫道者，"道者同于道"（今本《老子》第23章），"孰能有余以奉天下，唯有道者"（今本《老子》第77章）。《老子》一书共出现道者的提法近10次。（但要注意，个别地方道者指本原之道，如"道者万物之奥"。）道、天、地是生而完满的，而人不是生而完满的，人需要成为完满的人——圣人，才能像道、天、地一样完满。完满的人——圣人，在内在的境界上是完满的，在外在的事功上也是完满的，前者是内圣，后者是外王。也就是成为圣人后，圣人不是逃离社会，而是担当起社会责任，即圣人治国，"道家同意儒家的说法：理想的国家是有圣人为首的国家。只有圣人能够治国，应该治国"①，这也就是所谓的内圣外王之道。（《庄子·天下》首次提到了"内圣外王之道"的表述）老子是入世的，对社

---

① 冯友兰：《中国哲学简史》，北京大学出版社，2010年，第86页。

会现实问题极其关注，并在自己的思想中努力对社会治理和社会发展方向提出见解。老子说的王，也就是圣人，所以老子表述为"道大，天大，地大，王亦大。域中有四大，而王居其一焉"（今本《老子》第25章）。王（圣人）、道、天、地，都是完满的。《庄子·天下》里也认为圣和王同源，"圣有所生，王有所成，皆原于一"。圣人是完满的人，通道的人。圣有通的意思，《说文解字》说："圣，通也。"王也是通道的人，董仲舒从造字的角度揭示了"王"字的内涵，"古之造文者，三画而连其中，谓之王。三画者，天地与人也；而连其中者，通其道也。取天地与人之中以为贯，而参通之，非王者孰能当是?"（《春秋繁露·王道通三第四十四》）不过早期的"王"字如甲骨文并非如此。儒家也强调内圣外王之道，《大学》一书讲修身、齐家、治国、平天下，其中修身就属于内圣，齐家、治国、平天下属于外王，"儒家道家都讲内圣外王之道"①。老子道家与儒家讲的内圣外王，有其差异。相对来说，老子道家讲的内圣，注重自然（本然）之德；儒家讲的内圣，注重社会之德（如仁义等）。老子道家讲的外王，注重无为之治（不主张教化）；儒家讲的外王，更注重有为之治（主张教化），尽管孔子也提过无为而治。"照儒家说，圣人一旦为王，他应当为人民做许多事情；照道家说，圣王的职责是不做事，应当完全无为。道家的理由是，天下大乱，不是因为有许多事

---

① 许抗生：《当代新道家》，社会科学文献出版社，2013年，第51页。

情还没有做，而是因为已经做的事情太多了。"① 道家儒家都把圣人作为完满的人，但各自对圣人的理解是有差异的。

　　为何要成为圣人，老子做了一个假设，人是不完满的。（季羡林说过一句名言，"不完满才是人生"，正是此理。因为不完满才有超越的可能性，如果生而完满，人的可能性就固化了。）人是不完满的，人要超越自己成为一个理想的人，而这个理想的人就是与道同在而通道的人，老子称其为圣人。常人和圣人，在老子的学说里就拉开了距离，"俗人昭昭，我独昏昏。俗人察察，我独闷闷"（今本《老子》第 20 章）。常人是要被超越的，圣人是要去实现的。常人是实然，圣人是应然。常人和圣人的差异在于，前者有欲，后者弃欲；前者有智，后者弃智。常人往往是欲望的奴隶，而欲望是危险的，"咎莫大于欲得"（今本《老子》第 46 章）。圣人就是要超越欲望，"是以圣人欲不欲，不贵难得之货"（今本《老子》第 64 章）。《庄子·大宗师》也意识到欲望会阻碍人与道的关系，"其嗜欲深者，其天机浅"。常人执着在巧智里，而智是背离本真人性的，"慧智出，有大伪"（今本《老子》第 18 章）。圣人是超越巧智的，"绝圣弃智"②（今本《老子》第 19 章）。执着于欲望和巧智，都是一种执迷不悟，"人之迷，其日固久"（今本《老子》第 58 章），"虽智大迷"（今本《老子》第 27 章），"执者失之"（今本《老子》第 64 章）。而圣人是要摆脱执迷

---

① 冯友兰：《中国哲学简史》，北京大学出版社，2010 年，第 86 页。
② 楚简《老子》甲本为"绝智弃卞"。

33

通向觉悟的，"无执故无失"（今本《老子》第 64 章），"道者同于道"（今本《老子》第 23 章）。所以老子本人走的是超越常人的路，也感慨特立独行的孤独情怀，"我独异于人（今本《老子》第 20 章），"知我者希，则我者贵"（今本《老子》第 70 章），"众人熙熙，如享太牢，如春登台。我独泊兮其未兆，如婴儿之未孩；儽儽兮，若无所归。众人皆有余，而我独若遗"（今本《老子》第 20 章）。

老子对如何成为圣人，也有详尽的论述。成为圣人的路径，最集中的表述就是"人法地，地法天，天法道，道法自然"一句。"人法地，地法天，天法道，道法自然"，实际应为"人法地、法天、法道、法自然"。老子把"人法地、法天、法道、法自然"表述为"人法地，地法天，天法道，道法自然"，这种表达的转换是语音节奏效果的需要，用前半句的尾字接续后半句的首字，类似成语接龙的效果。比如，"吾强为之名曰大，大曰逝，逝曰远，远曰反"，实际应为"吾强为之名曰大、曰逝、曰远、曰反"，也是修辞的运用，是以为证。"人法地、法天、法道、法自然"也就是人要以天地、道、自然为法则，与天地、道、自然同在，这也是"天人合德"的理念。人法天地，是要法天地的虚静和复归。天地是虚静的，"天地之间，其犹橐籥乎？虚而不屈，动而愈出"（今本《老子》第 5 章），"致虚极，守静笃"（今本《老子》第 16 章）。天地是复归的，"万物并作，吾以观复。夫物芸芸，各复归其根"（今本《老子》第 16 章）。人法道，是要法道的对反和柔弱。道是对反的，"反者道之动"（今本《老子》第 40 章），"万物负阴而抱阳"（今本《老子》第 42 章），"有无相生"（今本《老子》第 2 章）。道是柔弱的，"弱者道之用"（今本《老子》第 40 章），"柔弱胜刚强"（今本《老子》第 36 章）。人法自然，是人要法本然状态，人的本然状态是人的原初性，犹如初生的婴儿无知无欲，"含德之厚，比于赤子"（今本《老子》第 55 章）。圣人有社会责任（外王），有天下为公的觉悟，"知常容，容乃公，公乃王"（今本《老子》第 16 章）。老子的理想是要在尘世里实现的，"和其光，同其尘"（今本《老子》第 56 章）。圣人治国的理念最集中的表述就是"故圣人云：我无为而民自化，我好静而民自正，我无事而民自富，我无欲而民自朴"（今本《老子》第 57 章）。圣人治国有四大方面的原则：无为、好静、无事、无欲。无为，就是不强制，不发动权力意志而对民构成侵害，"圣人无常心，以百姓心为心"（今本《老子》第 49 章）；好静，就是不妄动，不运作权谋和发起战争，"以道佐人主者，不以兵强天下"（今本《老子》第 30 章）；无事，就是不扰民、不折腾，相安无事，"取天下常以无事，及其有事，不足以取天下"（今本《老子》第 48 章）；无欲，就是不彰显物欲和名欲，处于清静的状态，"见素抱朴，少私寡欲"（今本《老子》第 19 章）。

三、见素抱朴：生命的价值

当提到老子思想，都会联想到自然和无为两大观念。自然的观念在《老子》里也占有很重的分量，多处直接提到"自然"一词，比如，"人法地，地法天，天法道，道法自然"（今本《老子》第25章），"悠兮其贵言，功成事遂，百姓皆谓我自然"（今本《老子》第17章），"希言自然"（今本《老子》第23章），"道之尊，德之贵，夫莫之命而常自然"（今本《老子》第51章），"以辅万物之自然，而不敢为"（今本《老子》第64章）。自然不是指天地万物之大自然，而是指本然，亦即本来的状态。在自然与文化之间，老子把自然放到根本性的地位，防止文化背离自然而导致对人的异化，"夫礼者，忠信之薄，而乱之首"（今本《老子》第38章）。自然作为本然，亦即本来的状态，那人之本然到底是什么呢？这就是老子的价值树立，老子认为人之本然就是人要素朴，素朴就成为老子主张的核心价值，老子从本然里开出应然。

在《老子》中多处提及了素朴的观念，"见素抱朴，少私寡欲"（今本《老子》第19章），"敦兮其若朴"（今本《老子》第15章），"复归于朴"（今本《老子》第28章），"朴散则为器"（今本《老子》第28章），"镇之以无名之朴"（今本《老子》第37章），"我无欲而民自朴"（今本《老子》第57章）。素朴就是本真，老子用初生婴儿的非人为状态来描述素朴之本真，"含德之厚，比于赤子"（今本《老子》第55章），当然这只是一个比喻，而不是等同。素朴价值在老子中的根本性地位，老子后学也是有所注意的。《文子·道原》明确把素朴作为道之主干，"纯粹素朴者，道之干也"；王弼认为得道就是守朴，在注今本《老子》第32章时提到"故将得道，莫若守朴"，王弼同时认识到素朴之治对于社会的决定性作用，"镇之以素朴，则无为而自正……素朴可抱，而圣智可弃"（王弼《老子指略辑佚》）。贺荣一也提到，老子的治理方式是朴治主义，著有《老子之朴治主义》，"由于这种学说的主张'以质朴无文的自然方式治民'，所以可以命之曰'朴治主义'"①。

素朴作为价值，有其本原论的支持，那就是老子认为人之所以要素朴，是因为道是素朴的，"道常无名，朴"（今本《老子》第32章）。"道是素朴的"②，道是人的本原，人要法道，因而人要追求素朴，这就是老子从本原论到价值论的推演。在人性论上，老子既不是主张人性本善，也不是主张人性本恶，而认为人性无善无恶，即人性本朴。当人们能进行善的判断时，是社会之人已经背离本来人性而出现了恶的缘故，也就是善并非人性本善，而是有了恶的才得以呈现的，"皆知善之为善，斯不善已"（今本《老子》第2章）。具有仁义意义的善的观念，是失去大道后的状态，"大道废，有仁义"（今本《老子》第18章），"故失道而后德，失德而后仁，失仁而后义，失义而后礼"（今本《老子》第38章）。也就是老子认为人的原初人性是先天自足的，是向内守，而不是向外求。王

① 熊铁基，刘韶军，刘筱红，吴琦，刘固盛：《二十世纪中国老学》，福建人民出版社，1996年，第391页。

② 许抗生：《当代新道家》，社会科学文献出版社，2013年，第34页。

阳明也认为心之本体无善无恶，或受老子影响，"无善无恶心之体"（《传习录》）。由于老子认为人性无善无恶，因而也就不推崇仁义，而是要超越仁义，"圣人不仁"（今本《老子》第5章），"绝仁弃义"（今本《老子》第19章）。在老子看来，素朴是高于仁义之善的，终极价值不是在仁义之善里，而是在素朴里，人要超越仁义而"复归于朴"（今本《老子》第28章）。"从这种独特的伦理学基础出发，就不难理解道家为什么批评儒家的道德教化。因为在道家看来，那是一种舍本逐末的努力，真正关键的是人的心灵的内在淳朴状态。"① 这也是老子道家和孔孟儒家的根本差异之一，孔孟儒家都是主张仁义之善的，孔子主仁，孟子认为人性本善。（孔子主张教化，老子主张自化。）老子主张素朴，还源于老子看到了素朴之反面——巧伪所带来的负面后果，因而要丢弃巧伪，回到素朴。"'道'为本然生命，违背了这一生命原则，生命必将损害自身。"② 淮南子和老子一脉相承，也主张离伪得朴，"弃聪明而返太素"，"其心愉而不伪"（《淮南子·精神》）。老子的无为，也可以理解为无伪，王弼在注今本《老子》第2章时提到"为则伪也"。巧伪产生的根源是巧智，"慧智出，有大伪"（今本《老子》第18章）。所以老子对巧智是充满警惕的，"使夫智者不敢为也"（今本《老子》第3章），"虽智大迷"

---

① 张迅（唐逸指导）：《爱之上帝与生命之道——基督教文化与道家文化的价值观比较》，中国社会科学院研究生院博士学位论文，基督教思想史专业，2000年，第69页。

② 刘小枫：《拯救与逍遥（修订本）》，华东师范大学出版社，2011年，第202页。

38

（今本《老子》第 27 章），"以智治国，国之贼"（今本《老子》第 65 章）。老子主张"绝圣弃智"①（今本《老子》第 19章），复归素朴。在老子看来，道是根本的，道是高于智的，而素朴是合乎道的。老子素朴思想，仍然有其独特的美学价值。可以把老子的素朴美学叫作赤子美学，赤子美学推崇的素朴至真的人性，这或许是现代文明的一副清静剂。"中国诗学认为只有我的自然心灵或真我才是文学的真正本源。一旦本心异化，'童心既障，而以外入者闻见道理为心'（李贽语），心灵便不复是'我的'而成为'他的'。"② 老子赤子美学的直接原文依据是"含德之厚，比于赤子"（今本《老子》第 55章），当然这只是一个比喻，而不是等同。老子的赤子美学，推崇返璞归真的原初人性，对后世中华美学产生了重要影响。孟子也重视赤子之心，"大人者，不失其赤子之心者也"（《孟子·离娄下》），李贽也推崇童真说。

如何做到素朴，最根本的就是要守道，因为道是素朴的，这又决定了要超越仁义之善和巧伪之智。另外，素朴是本真人性，而本真又是有别于本能的。海德格尔认为"此在的生存——操心"③，因而要"领会一种本真的能自身的存在"④。老子要超越本能，而本能就是人之欲，欲的常态表现就是物

---

① 楚简《老子》甲本原文为：绝智弃卞。

② 饶芃子：《比较文学与海外华文文学》，复旦大学出版社，2011 年，第 113 页。

③ ［德］海德格尔：《形而上学导论》，熊伟，王庆节译，商务印书馆，1996 年，第 221 页。

④ ［德］海德格尔：《形而上学导论》，熊伟，王庆节译，商务印书馆，1996 年，第 307 页。

欲，沉沦于欲也就是沉沦于本能，也就远离了素朴，"五色令人目盲，五音令人耳聋，五味令人口爽，驰骋畋猎令人心发狂，难得之货令人行妨"（今本《老子》第 12 章）。五色、五音、五味，都是感官刺激，这些都会阻碍人对道的体验。而难得之货，反而限制了行动的自由，"金玉满堂，莫之能守"（今本《老子》第 9 章），"难得之货令人行妨"（今本《老子》12 章），"多藏必厚亡"（今本《老子》第 44 章），"圣人欲不欲，不贵难得之货"（今本《老子》第 64 章）。能够超越欲望的人是圣人，圣人去本能而归本真。圣人不仅是个人的精神境界，还有社会责任担当——治国，老子认为圣人限制了欲望，民才会保持素朴，"我无欲而民自朴"（今本《老子》第 57 章），"见素抱朴，少私寡欲"（今本《老子》第 19 章）。老子构建的"小国寡民"的理想社会，也是把人心的素朴作为终极理想，"使人复结绳而用之"，"甘其食，美其服，安其居，乐其俗"（今本《老子》第 81 章），这是一种自化、自正、自富、自朴的富有自发秩序色彩的素朴社会，"我无为而民自化，我好静而民自正，我无事而民自富，我无欲而民自朴"（今本《老子》第 57 章）。可以看出，老子认为社会是素朴还是巧伪，取决于执政者的引领示范作用，这一点和儒家推崇的"上行下效"是一致的，不同的是老子道家行的是素朴，而孔孟儒家行的是仁义。老子区分出了内在与外在，身（生命）是内的，名（地位）和货（财富）是外在的。做到身（生命）为本，名（地位）和货（财富）为末，也是守护素朴的一大途径，"名与身孰亲？身与货孰多？得与亡孰病？"（今本《老子》第44章）。素朴是向内守的，而名利是向外求的。要做到素朴，需要坚持三原则，也就是老子总结的三宝：慈、俭、后，"我有三宝，持而保之。一曰慈，二曰俭，三曰不敢为天下先"（今本《老子》第67章）。慈是宽容，俭是简约，不敢为天下先是后己（公心）。老子还提炼出"三去""四不"来进一步阐述，"是以圣人去甚，去奢，去泰"（今本《老子》第29章），"不自见故明，不自是故彰，不自伐故有功，不自矜故长"（今本《老子》第22章）。

第三节　死而不亡：生命的超越

人的存在不得不面对的一个难题，就是存在的对立面——死亡。死亡问题之所以困扰着人，是因为死亡是对人的存在的否定，走向了存在的反面，意味着生命是有限存在。哲学把死亡问题作为一个重要问题考察，苏格拉底哲学的使命之一——"进行死亡训练"①，柏拉图提出"灵魂不朽"，尼采提出"永恒轮回"，海德格尔提出"向死存在"②（向死而生），加缪质问"人生而必死，为什么不自杀"，伊壁鸠鲁则把死亡从存在里剥离出来，认为死亡在人生之外，"伊壁鸠鲁说，'当我存

---

①　［拜占庭］奥林匹奥多罗：《苏格拉底的命相——〈斐多篇〉注疏》，宋志润译，华东师范大学出版社，2000年，第91页。
②　［德］海德格尔：《存在与时间》，陈嘉映、王庆节译，生活·读书·新知三联书店，2012年，第271页。

在，则死亡不存在；而当死亡存在，则我不存在'"①。在中国文化中，《左传》提出的"三不朽"（立德、立功、立言），《易传·系辞》提出的"原始反终，故知死生之说"，《孟子·离娄上》提出的"不孝有三，无后为大"的传宗接代思想，《庄子·齐物论》的"方生方死，方死方生"，都是回应生命的有限性，而为无限性开辟一个精神通道。本章讨论的是老子对死亡及其超越问题的理解。

一、死而不亡：超越死亡的途径

一般认为老子谈论死亡的内容是稀少的，其实不然。在今本《老子》一书中，直接提到"死"的原文竟然达到了 18 处，因而死亡问题是老子思想的一个重要内容。老子讨论死亡问题，是在人的生死二重性里同时考察的。

在老子思想里，对反思维（辩证统一）确实是存在的，"反者，道之动"（今本《老子》第 40 章）里的反就是对反，老子还明确提出"万物负阴而抱阳"（今本《老子》第 42 章）的对反命题，认为阴阳是共生的。这种辩证统一的思维，在"故有无相生，难易相成，长短相较，高下相倾，音声相和，前后相随"（今本《老子》第 2 章）这一段里有集中的表述，有无、难易、长短、高下、音声、前后都是辩证统一的。对于人来说，最根本性的对反是生与死的辩证统一。在"故有无相

---

① ［美］罗蒂：《偶然、反讽与团结》，徐文瑞译，商务印书馆，2003 年，第 39 页。

生，难易相成，长短相较，高下相倾，音声相和，前后相随"
这一组对反性表述中，"有无相生"放在了首要位置。而有和
无，也可以理解为生与死，是存与亡（存在与消亡），楚简
《老子》甲本中的无原文正好是亡。"有无相生"，通俗地说就
是生死相依、存亡统一，有生就有死，有存就有亡。因而人包
含生和死两个维度，回避死亡的生，是不完整的。"道家……
把死也看作是与道结合的一种方式。"① 老子的生死学说是直
面死亡这一事实为基础的，"出生入死"（今本《老子》第50
章）。"出生入死"是一种事实描述，言说人的生是奔向死去
的，人是从生到死的一个过程，死亡是最终的结局，而不是日
常语言中"出生入死"，不是意指九死一生、不怕死的冒险精
神。韩非子的解读是："人始于生而卒于死。始之谓出，卒之
谓入，故曰'出生入死'。"（《韩非子·解老》）老子从死亡事
实出发，来考量生之有限，从而构建意义世界，这与孔子有较
大差异，孔子则是直面生而对死有所回避，"未知生，焉知
死"（《论语·先进》）。

"出生入死"是一个不可改变的事实，这也决定了生命的
有限性，而试图用一种无限来超越有限。当然，老子也是给出
这样一个通道，那就是生命必然消亡，但价值可以永恒，在
"出生入死"的基础上提出了"死而不亡"（今本《老子》第

---

① 张迅（唐逸指导）：《爱之上帝与生命之道——基督教文化与道家
文化的价值观比较》，中国社会科学院研究生院博士学位论文，基督教思想
史专业，2000年，第64页。

33章）。"死而不亡"，死的是生命，不亡的是价值。汉帛《老子》是"死而不忘"（人死了，但后人不会忘记），"死而不忘"也是价值永恒，价值融入历史文化里。所以老子特意还提到，有道之人死后对子孙后代的影响，子孙后代"不忘"而进行祭祀，"善建者不拔，善抱者不脱，子孙以祭祀不辍"（今本《老子》第54章）。"出生入死"指向事实有限，"死而不亡"指向价值无限。道是永恒的，当价值合乎道时，价值就永恒了，"长生久视之道"（今本《老子》第59章）、"道乃久"（今本《老子》第16章）、"自古及今，其名不去"（今本《老子》第21章）。"老子首先认为有一种超越于死的存在，这就是'道'。"[①] 如果人符合道，不失道，则价值可以长久，"不失其所者久，死而不亡者寿"（今本《老子》第33章）。"不失其所者久"，就是不失其道者久。王弼把"死而不亡"注为"身没而道犹存"，这也就是老子的"没身不殆"（今本《老子》第16章、第52章）。"'死而不亡'乃喻指'身没而道犹存'（王弼注）；像历史上许多大思想家一样，身躯虽然死灭了，但他们的思想和精神却永续长存，这就可以说是'寿'了。"[②] 老子本人也一样，生命性老子死了，但价值性老子（文化老子）没有亡，我们至今还在谈论老子，老子是"缺席的存在者"（李振宇语）。生命消亡，但价值长久，老子

---

① 李霞：《生死智慧：道家生命观研究》，人民出版社，2004年，第161页。

② 陈鼓应：《老子今注今译》，商务印书馆，2003年，第372页。

称为"没身不殆"（今本《老子》第 16 章、52 章）。道是恒久的，人法道则人"没身不殆"，这在老子原文中也是明确论述的，"道乃久，没身不殆"（今本《老子》第 16 章）；"天下有始，以为天下母。既得其母，以知其子，既知其子，复守其母，没身不殆"（今本《老子》第 52 章）。"天下有始，以为天下母"，这里的母是道，因为道是始。老子还直接把道当作母，道"可以为天下母"（今本《老子》第 25 章）。"复守其母，没身不殆"，复守的是道，守道则"没身不殆"，也就是守道则"死而不亡"。在老子思想里，生和死（存在与消亡）是辩证统一的（"有无相生"），即生命之死与价值不亡（有限和无限）也是辩证统一的。老子思想里有明确的无限观念的表述，"复归于无极"（今本《老子》第 28 章），无极即无限。孔孟也一样是用价值超越死亡的，比如孔子的"杀身以成仁"（《论语·卫灵公》），孟子的"舍生而取义"（《孟子·告子上》）。但不同的是孔孟的死亡观具有悲剧精神，而老子的死亡观是自然平和的。孔子为了价值可以轻死，老子则是贵身的，在顺生死中成全价值，"勇于敢则杀，勇于不敢则活"（今本《老子》第 73 章）。"老子对个体生命价值的重视首先体现在其重身思想中。"① 因而老子是明确重死而反对轻死的，"使民重死而不远徙"（今本《老子》第 80 章），"民之轻死，以其（上）求生之厚，是以轻死"（今本《老子》第 75 章）。

① 李霞：《生死智慧：道家生命观研究》，人民出版社，2004 年，第 207 页。

庄子则是用乐观精神面对死亡，妻死鼓盆而歌，认为死亡是完整生命所不可或缺的，死亡意味着拥抱天道自然，"息我以死"（《庄子·大宗师》）。

什么样的价值是"死而不亡"呢？具有无限性呢？老子认为是素朴，所以老子在"复归于无极"这一章（无极即无限），同时提到了"复归于朴"（今本《老子》第28章）。老子主要用"久"来形容价值永恒，在今本《老子》中，出现"久"的原文达到了11次，出现的频率是比较高的。道是久的，"长生久视之道"（今本《老子》第59章）、"道乃久"（今本《老子》第16章），人法道而行，则人"可以长久"（今本《老子》第44章）。老子从反面确认了不可恒久的要素是刚强，不可刚强是行道的主旨，"强梁者不得其死，吾将以为教父"（今本《老子》第42章）。刚强是违背道的，"果而勿强，物壮则老，是谓不道，不道早已"（今本《老子》第30章）。刚强属于死亡一类，不可持久，"坚强者死之徒，柔弱者生之徒。是以兵强则不胜，木强则折"（今本《老子》第76章）。类似的论述还有很多，比如，"持而盈之，不如其已；揣而锐之，不可长保"（今本《老子》第9章），"自矜者不长"（今本《老子》第24章）。在治国层面，老子反对威权治国，对执政者提出了警告，认为威权不可恒久，"民不畏死，奈何以死惧之？……常有司杀者杀，夫代司杀者杀，是谓代大匠斫，夫代大匠斫者，希有不伤其手矣"（今本《老子》第74章）。老子同时从正面论述了恒久的要素是柔弱，柔弱是道的运用方式，"弱者，道之用"（今本《老子》第 40 章），因而，柔弱是恒久的，"柔弱者生之徒"（今本《老子》第 76 章）。老子具体又从三个方面论述柔弱与恒久的关系，首先，先人后己而恒久，"天长地久。天地所以能长且久者，以其不自生，故能长生。是以圣人后其身而身先；外其身而身存。非以其无私邪？故能成其私"（今本《老子》第 7 章），"舍后且先，死矣"（今本《老子》第 67 章）。其次，知足知止，在身与名货（利）之间保持平衡而恒久，"知足不辱，知止不殆，可以长久"（今本《老子》第 44 章），"功成而弗居。夫唯弗居，是以弗去"（今本《老子》第 2 章），"不自矜故长。夫唯不争，故天下莫能与之争"（今本《老子》第 22 章）。最后，在治国方面，廉政、简政之无为之治可以恒久，"治人事天莫若啬……可以有国；有国之母，可以长久。是谓深根固柢（蒂），长生久视之道"（今本《老子》第 59 章），"少则得，多则惑"（今本《老子》第 22 章）。老子在治国维度反对刚强主张柔弱，实际是反对威权而主张民主，威权政治是刚性的，而民主政治是柔性的。

二、虚静：超越死亡后的生命状态

突出虚静是老子道家文化的一大特色，有道家主静、儒家主敬、佛家主净的说法。《老子》一书中，直接提到静的原文达到 11 次。《晋书》卷三十五《裴頠传》里，崇有论推崇者裴頠把静作为老子的主要思想："老子既著五千之文，表撝秽杂

之弊，甄举静一之义。"许抗生对裴颀的这一思想解读为："老
聃（老子）是为了反对繁杂的毛病才提出守静抱一（静一）
的思想的。"① 后世的道家与道教思想也受到了老子思想的影
响，《文子》提到"静而法天地"，道教有经典《常清静经》。
在老子看来，超越死亡的人是得道的人，生命是虚静的，犹如
《文子·道原》所说："通于道者，反于清静。"

在老子思想里，虽然关于静的论述散见于各章，但这并不
能否认老子本人对静有系统性的思考。老子对静的内涵的理
解，就是一个完整的论述。什么是静？老子认为，"归根曰
静"（今本《老子》第17章）。而归根，就是归于道，道是根
本。也就是老子把归于道、与道同在作为静的坐标。那么归根
之静的具体表现又是不欲，不彰显欲望，欲望的彰显是对静的
打破，"不欲以静"（今本《老子》第37章），"见素抱朴，少
私寡欲"（今本《老子》第19章）。叔本华把摆脱意志的静观
作为纯粹的智慧，"每个专心于纯粹客观地静观世界的人（并
且这就是观念的知识的意义），完全看不到他的意志与其目标，
并且不再关怀他自己本人的利益，而变成为一个不掺和任何意
志的纯粹的智慧"②。克罗齐则把犹如婴儿的虚静作为直觉的
心灵，"婴儿难辨真与伪，历史和寓言，这些对于他都无分别。

① 许抗生：《儒家思想的过去、现在和未来》，中华书局，2015 年，
第 139 页。
② ［德］叔本华：《叔本华论说文集》，范进，柯锦华，秦典华，孟庆
时译，商务印书馆，1999 年，第 684 页。

这事实可以使我们约略明白直觉的纯朴心境"①。张少康认为虚静理念还是老子对文艺和美学的两大贡献之一,"老子对文艺和美学的主要贡献有二:一是对'象'的论述;二是对'虚静'的认识。"② 如果执政者坚守不欲之静,还能达到天下安定的效果,"不欲以静,天下将自定"(今本《老子》第37章);"我好静而民自正"(今本《老子》第57章)。老子认为静下来,欲望消减了,自然也就体验到道了,"故常无欲,以观其妙"(今本《老子》第1章)。静穆的生命状态,是老子所推崇的境界,"致虚极、守静笃"(今本《老子》第16章)。老子把守护虚静的人,作为得道的人——道者,"孰能浊以静者将徐清……保此道者,不欲盈"(今本《老子》第15章)。道者也就是圣人,圣人是合道的,老子崇尚圣人,而出土的黄老帛书里提到"至静者圣"。

为何老子要主张静,这与静的功用以及违背静的后果有关。老子认为静可以克服躁,"静为躁君……躁则失君"(今本《老子》第26章)。违背静,则躁动,则使气,在老子看来都是不符合道的,是不长久的,"心使气曰强。物壮则老,谓之不道,不道早已"(今本《老子》第55章)。老子还把虚静作为体道的心态准备,"故常无欲,以观其妙"(今本《老子》第1章)。警惕欲望彰显而干扰静观心境,"塞其兑,闭其门"

---

① [意]克罗齐:《美学原理》,朱光潜译,商务印书馆,2008年,第4页。

② 张少康:《中国文学理论批评史教程(修订本)》,北京大学出版社,2011年,第27页。

（今本《老子》第 56 章）。老子还把静推向治国维度，那就是执政者如果守静，则是合道的优化的治理，"老子谈静，特别着重在政治上立论"①。静表现为无事，而不是折腾、扰民，而这是取得天下人心的路径，"以无事取天下……我无事而民自富"（今本《老子》第 57 章）。老子推崇无事安民，是一种自发自治秩序的倡导，这种不扰民的思想一般认为对后世的政治思想与政治治理都起到了影响，"老子这主静无为之论……进而启发了后代政治上避免扰民的观点"②。老子不是主张强为，不是通过强力实现天下太平，而是执政者不发动欲望，守静而达到天下自动安定之功效，"不欲以静，天下将自定"（今本《老子》第 37 章）。当然有的人会质疑这样一种方案，认为可能是理想主义。但我们从老子的这些思路里，能看到老子首先把社会是否合道的根源归结为执政者，同时主张执政者限制欲望与权力，不对民构成伤害，而这些理念都是进步的理念，是民本的理念，是值得肯定的。老子反对执政者对民的侵害，因而也反对战争，不主张霸道，"不以兵强于天下"（今本《老子》第 30 章），这是一种和平理念。老子在治国方面推崇虚静，还因为他认为强权是不可长久的，是违背道的，"强梁者不得其死"（今本《老子》第 42 章）。所以老子推崇柔弱的虚静之道，"弱者道之用"（今本《老子》第 40 章），"柔弱胜刚强"（今本《老子》第 36 章）。

---

① 陈鼓应：《老子新论》，中华书局，2015 年，第 159 页。
② 陈鼓应：《老子新论》，中华书局，2015 年，第 172 页。

如何做到静？老子认为是不发端欲望，"不欲以静"（今本《老子》第 37 章），"无欲和清静是密切相关的"①。老子进一步认为，做到了无执就做到了静，无执不被欲望牵制就不会有过失，"执者失之……无执故无失"（今本《老子》第 29 章）。老子所谓无执是从两大方面来讲的，不执于权力意志，不执于虚妄价值。不执于权力意志，那就是反对用权力去干预他人，老子讲无为、无事、好静、无欲，都是在消解权力，从而让民自主，"故圣人云：我无为而民自化，我好静而民自正，我无事而民自富，我无欲而民自朴"（今本《老子》第 57 章）。不执于权力意志，在公共领域就是一种无私的精神、公正的精神，"是以圣人后其身而身先；外其身而身存。非以其无私邪？故能成其私"（今本《老子》第 7 章）。在国与国之间，老子反对权力意志行霸道，而是主张处下之静，"大国者下流。天下之交，天下之牝，牝常以静胜牡，以静为下"（今本《老子》第 61 章）。也就是一种公天下的精神，老子把公作为一个王者风范的标志，"公乃王"（今本《老子》第 16 章）。不执于虚妄价值，主要反对儒家的名教异化，"道常无名"（今本《老子》第 32 章），"大道废，有仁义"（今本《老子》第 18 章），"绝仁弃义"（今本《老子》第 19 章），"故失道而后德，失德而后仁，失仁而后义，失义而后礼。夫礼者，忠信之薄，而乱之首"（今本《老子》第 38 章）；反对

---

① 陈鼓应：《老子新论》，中华书局，2015 年，第 159 页。

儒家价值分出贵贱，所以老子解构了儒家贵贱观，提出"故贵以贱为本，高以下为基"（今本《老子》第 39 章），"不可得而贵，不可得而贱，故为天下贵"（今本《老子》第 56 章）。庄子受到老子影响，对虚妄价值的超越做了更进一步的方法论推进，提出"齐物论"。在庄子的思想世界里，多处对孔子及儒家的价值进行解构和批评。

第二章　楚简《老子》的生命智慧

第一节　内圣外王：修治路径

楚简《老子》是战国时期的《老子》文本，属于早期《老子》文本，根据"近古必存真"的文献学原则（也符合概率原则），该本更接近祖本（当然这里说的祖本，并非是说有一个五千言的祖本，而是指道家创始人第一作者"老子"的文本，五千言实为学派著作，系后学进一步完善、整理而成）。地下文献出土之前，是以今本《老子》作为老子思想的诠释依据，地下文献尤其是战国的楚简《老子》出土后，对今本《老子》产生了较大的冲击。比如，认为今本《老子》有阴谋论、愚民论等内容正好都不在楚简《老子》里；今本《老子》对儒家仁义观念进行尖锐批评，但在楚简《老子》里对儒家仁义观念的批评比较温和；今本《老子》关于有和无的关系是"以无为本，以无为用"（无的地位高于有的地位），但楚简《老子》里是有无并举（并列）。郭沂主张改写中国思想史，陈鼓应主张改写中国哲学史，曹峰反对以出土文献来改写，但出土文献与传世文献的较大差异以及对传统文献的冲击客观存在。本章立足楚简《老子》与今本《老子》的根本差异，对楚简《老子》进行生命道学诠释建构。内圣外王的概念最早由《庄子》提出，儒家借用这一概念后，今天提到内圣外王通常会想到是儒家的重要观念。而笔者注意到，楚简《老子》甲本正是按照内圣外王（成为圣人与圣人治世）的结构秩序展开的，楚简《老子》甲本是通过修身与治理来体现老子的生命道学。笔者还根据楚简《老子》甲本关于有和无的异文，诠释出"道体之有、道用之无"的体有用无之体用观。

1993 年出土于湖北荆门郭店村的楚简《老子》，系战国时期的《老子》传抄本，楚简《老子》分甲、乙、丙三本，甲本的时间又早于乙本、丙本。有多名学者从文字特点与书写字体①、内在思想②等方面论证了甲本早于乙本、丙本，甲本早于乙本、丙本的观点，在学界已取得共识。楚简《老子》甲本是迄今为止发现最早的《老子》传抄本。

楚简《老子》甲本由五组竹简拼连而成，1998 年文物出版社出版的《郭店楚墓竹简》③ 一书中的楚简《老子》甲本所

---

① 参见丁四新：《郭店楚墓竹简思想研究》，东方出版社，2000 年，第 8—9 页。

② 参见谭宝刚：《老子及其遗著研究》，巴蜀书社，2009 年，第 179—181 页。

③ 参见荆门市博物馆：《郭店楚墓竹简》，文物出版社，1998 年，第 3—6 页。

拼连的五组先后顺序并非原抄本的顺序。出土时竹简的编绳已断，竹简已散乱，整理小组的专家进行了重新编连，"根据彭浩（整理者）和裘锡圭的介绍，这些章节在《郭店楚墓竹简》一书中顺序是临时的，而且不是以自然形态为依据的"①。韩禄伯明确提到这一点，"《老子》甲组有5枚简以章首之文始录于简头，因而，39枚简可分为5个单元。……按《郭店楚墓竹简》一书所示排列，而非其原始顺序。……（今本《老子》）第19章未必就是《老子》甲组的文首"②。但韩禄伯没有对五组的先后顺序进行重新调整。《郭店楚墓竹简》一书中的楚简《老子》甲本五组组别顺序应进行调整，原第二组应作为第一组③，原第三组应作为第二组，原第五组应作为第三组，原第一组应作为第四组，原第四组应作为第五组。对五组的组别顺序进行调整后，整本能呈现出一个完整的思想体系。李零"……依原简的篇章符号，参酌文义，重新排列"④，也采取了同样的调整。原简的内容文义和篇章符号得到了吻合，

①　参见艾兰：《郭店老子：东西方学者的对话》，学苑出版社，2002年，第133页。

②　［美］韩禄伯著，邢文改编，余谨译，《简帛老子研究》，学苑出版社，2002年，第6页。

③　《郭店楚墓竹简》一书中的甲本原第一组直接进入治世的内容，显得唐突。原第二组第1章提出"先天地生"的道，应作为第一组，道是治世的依据，由天道而治道符合常理。《文子》一书也是把"先天地生"一章作为首篇首章，见《文子·道原》。高华平认为郭店楚简里，天道之道用道，而人道之道用"彳人亍"，而李零调整后的顺序，上篇中的道都是天道之道，人道之道"彳人亍"都在下篇。

④　李零：《郭店楚简校读记》，中国人民大学出版社，2007年，第3页。

这样的调整是很有说服力的。（郭沂同样采取这一调整方案①。）

李零认为楚简《老子》甲本有层次结构，"此组分篇甚有理致，上篇……是以论述'天道'贵虚、贵柔、贵弱为主，下篇……是以论述'治道'无为为主，即以无为治国用兵取天下为主，似乎是按不同的主题而编录"②。李零敏锐地看到楚简《老子》甲本"分篇甚有理致"，但李零没有注意到"内圣外王"的结构。另外，李零认为"似乎是按不同的主题而编录"，但未揭示具体主题以及章与章之间的关系。

邓球柏明确提出了楚简《老子》有内圣外王之道的主题，"我初步认识到内圣外王之道是《郭简·老子》的主题思想"③。这一观点很重要，但忽视了楚简《老子》甲本的整体篇章顺序本身就是依照内圣外王的结构秩序布局的，关注到了思想主题，而忽视了文本的结构秩序。把不同时期的楚简《老子》三个文本作为一个完整的文本，忽视了楚简《老子》甲本自身是一个独立完整的文本。

内圣就是圣人人格，外王就是圣人治世。前者是修身，后者是治世。前者是个人人格，后者是社会责任。前者是个体性

---

① 参见郭沂：《郭店竹简与先秦学术思想》，上海教育出版社，2001年，第49—100页。

② 李零：《郭店楚简校读记》，中国人民大学出版社，2007年，第3—4页。

③ 邓球柏：《内圣外王之道：〈郭简·老子〉的主题》，《哲学研究》2004年第1期，第25页。

维度，后者是社会性维度。陈来简要地讲了内圣外王的内涵，"就是内外兼修，内就是我们精神内在的修为；外就是外在的，特别是管理方面的成就。就古代来说，为什么用王这个字呢？因为王就是政治家的代表，用王来代表内在的修为和外在的成就双方面结合的个人发展成就"[①]。内圣外王之道不只是儒家的传统，其实道家也有内圣外王之道的思想，在楚简《老子》甲本中，老子是直接按照内圣外王的结构秩序构建自己的思想的。道家、儒家均有内圣外王之道的思想。冯友兰有过相关论述，"哲学所讲的就是中国哲学家所谓'内圣外王'之道"[②]，在论述道家时说道："道家同意儒家的说法：理想的国家是有圣人为首的国家。只有圣人能够治国，应该治国。"[③] 许抗生也明确表述过，"儒家道家都讲内圣外王之道"[④]。汤一介也持同样的观点："当时，儒、道、墨、名、法、阴阳等家各有各的天下之术，都说自己的学说是圣王之道。"[⑤] 贾坤鹏说："道家、儒家、法家均有'内圣外王'思想，故'内圣外王'应是先秦学术的共性，而非某家的专利。"[⑥] 梁涛考据得出，"北

---

① 陈来：《国学散论：陈来随笔集》，清华大学出版社，2019 年，第224 页。

② 冯友兰：《中国哲学简史》，北京大学出版社，2010 年，第 7 页。

③ 冯友兰：《中国哲学简史》，北京大学出版社，2010 年，第 86 页。

④ 许抗生：《当代新道家》，社会科学文献出版社，2013 年，第51 页。

⑤ 汤一介：《儒学十讲》，北京出版社，2019 年，第 75 页。

⑥ 贾坤鹏：《论韩非的"内圣外王"之学》，《哲学研究》2018 年第11 期，第 51 页。

宋时期是'内圣外王'由道家用语向儒家术语演变的重要时期"①。"内圣外王"最先是道家的概念，之后才是儒家借用。最早明确提出"内圣外王之道"是在《庄子·天下》里，"是故内圣外王之道，暗而不明，郁而不发，天下之人各为其所欲焉以自为方"。《庄子》是对内圣外王之道的肯定，"照《天下》所说，内圣外王之道本是天下之治术者共同的追求，但到了春秋战国时各家各派都提出他们治天下的学说，因百家纷争，道术不行，天下大乱，而使内圣外王之道暗而不明、郁而不发，这对天下是大不幸"②。这也可以看出，内圣外王之道本是中华文化最重要的思想与共识，同时在《庄子》之前就有这样的思想指向。

楚简《老子》甲本共 19 章（1000 余字），内圣篇是第 1 章至第 7 章的内容，先后论述人法天地、人法道、人法自然（依照第 1 章末句的"人法地，地法天，天法道，道法自然"而展开）；外王篇是第 8 章至第 19 章的内容，先后论述圣人欲不欲、圣人好静、圣人无为、圣人无事（第 19 章末句"是以圣人之言曰：我无事而民自富，我无为而民自化，我好静而民自正，我欲不欲而民自朴"对其进行总结）。

一、内圣：成为圣人（圣人人格）

楚简《老子》甲本的内圣篇是 1—7 章的内容。

---

① 梁涛：《北宋新学、蜀学派融合儒道的"内圣外王"概念》，《文史哲》2017 年第 2 期，第 20 页。
② 汤一介：《儒学十讲》，北京出版社，2019 年，第 75 页。

第 1 章是楚简《老子》甲本的总纲。(第 1 章先提出了道，"字之曰道"。道"先天地生"，这里的道是本原之道。本原之道是治世之道的依据："可以为天下母。"天下是政治概念。)

第 1 章：有庄昆成，先天地生，悦穆，独立不改，可以为天下母，未知其名，字之曰道。吾强为之名曰大，大曰逝，逝曰远，远曰反。天大，地大，道大，王亦大。国中有四大焉，王居一焉。人法地，地法天，天法道，道法自然。

老子在总纲里要回答"人从哪里来、到哪里去"的哲学问题，老子认为道是本原，人从道那里来，道"先天地生"，道比天地更终极。老子认为王是归宿，人要成为王。而圣人才能算得上是王，成为王也就是人要成为圣人（圣王）。楚简《老子》甲本第 9 章里，先提到王："江海所以为百谷王，以其能为百谷下，是以能为百谷王。"接着就讲圣人："圣人之在民前也，以身后之；其在民上也，以言下之。"也说明圣人是王。（王不是普通的政治王，而是圣王。）当然在楚简《老子》甲本第 9 章先提到的王，是用百川归海（江海是百川的王）来比喻民归往圣人，圣人是民之王。《说文解字》也说："王，天下所归往也。"《庄子·天下》里也认为圣和王同源，"圣有所生，王有所成，皆原于一"。圣人是完满的人，是通道的人。圣有通的意思，《说文解字》："圣，通也。"王也有通的含义，董仲舒从造字的角度揭示了王字的内涵："古之造文者，三画而连其中，谓之王。三画者，天地与人也；而连其中者，通其道也。取天地与人之中以为贯，而参通之，非王者孰能当是?"(《春秋繁露·王道通三第四十四》)在老子看来,比天地更终极的是道:道"先天地生"。道是本原,道是大的。而王是理想的人,王也是大的,所以不仅"天大,地大",还有"道大,王亦大"。(先说"天大,地大",与"先天地生"一句对应。)"天大,地大,道大,王亦大"的排序原因也在此。汉简《老子》也是"天大,地大,道大,王亦大"的顺序。[①] 人能成为王而与道同为大,动物不可以,这是老子的人禽之辨。

老子以本原之道为起点,但归宿点是落在治世之道上的。而老子主张由圣人来治世,要实现圣人治世(外王),先得成为圣人(内圣)。为何要圣人来治世,圣人是通道的人,是完满的人。道是完满的,圣人又是通道的人,所以圣人是完满的。完满的人——圣人,在内在的境界上是完满的,在外在的事功上也是完满的,前者是内圣,后者是外王。也就是成为圣人后,圣人不是逃离社会,而是担当起社会责任。

第 1 章末句提出了内圣(成为圣人)的具体路径:"人法地,地法天,天法道,道法自然。"这一句的主语是人,人是主体,是人法地、法天、法道、法自然。"人法地,地法天,天法道,道法自然",实际应为"人法地、法天、法道、法自然"。老子把"人法地、法天、法道、法自然"表述为"人法地,地法天,天法道,道法自然",这种表达的转换是修辞的

---

① 参见北京大学出土文献研究所:《北京大学藏西汉竹书(贰)》,上海古籍出版社,2012 年。

需要，用前一句的尾字接后一句的首字（类似于顶针修辞），仅仅是一种语音节奏的需要，达到一气贯注的效果。

"人法地，地法天，天法道，道法自然"，实际应为"人法地、法天、法道、法自然"。老子在具体论述中，把人法天地进行合并论述，然后论述人法道、人法自然。亦即在具体论述中，老子认为成为圣人的路径是：人法天地、人法道、人法自然。老子表述为"人法地，地法天，天法道，道法自然"，这里面地、天、道是外在对象，自然是内在之我，自然是人之本然。自然突出先天性，区别于文化性，人法自然是为了克制文化异化。

楚简《老子》甲本第 2 章、第 3 章论述人法天地，第 4 章、第 5 章论述人法道，第 6 章、第 7 章论述人法自然。

（一）人法天地

人法天地论述的是人与天地的关系，即人以天地为法。相关原文为楚简《老子》甲本第 2 章、第 3 章。（第 2 章中"天地之间，其犹橐籥欤"直接提到了天地。）

第 2 章：天地之间，其犹橐籥欤？虚而不屈，动而愈出。

第 3 章：至虚，恒也；守中，笃也。万物方作，居以须复也。天道员员，各复其根。

第 2 章讲天地的状态：虚。"虚而不屈，动而愈出"，论虚静是有力量的。

第 3 章讲人要虚。天地的状态是虚，人法天地故人要虚（"至虚，恒也"）。本章通过讲复归来讲人的虚静，"万物方

61

作，居以须复也。天道员员，各复其根"，复根就是复归于道。

（二）人法道

人法道论述的是人与道的关系，即人以道为法。相关原文为楚简《老子》甲本第 4 章、第 5 章。（第 4 章中的"反也者，道动也"、第 5 章中的"功遂身退，天之道也"都明确提到了道。）

第 4 章：反也者，道动也；弱也者，道之用也。天下之物生于有、生于无。

第 5 章：持而盈之，不不若已。湍而群之，不可长保也。金玉盈室，莫能守也。贵福骄，自遗咎也。功遂身退，天之道也。

第 4 章讲道之动与道之用：反与弱（"反也者，道动也；弱也者，道之用也"）。"天下之物生于有、生于无"，有无并举，与"有无之相生也"的原文验证。反对应"有"（"有庄昆成……字之曰道，强为之名……曰反"），弱对应"无"（无事、无为都是柔弱）。

第 5 章讲人要守弱（"功遂身退，天之道也"）。道之用是弱，人法道故人要守弱。外王篇的无为、无事、无名都是用弱的具体体现。

（三）人法自然

人法自然论述的是人与自然的关系，即人以自然为法。（自然即本然，人法自然即人以自身的本然状态为法，意指防范文化异化。）相关原文为楚简《老子》甲本第 6 章、第 7 章。

第6章：含慸之厚者，比于赤子。蜂蛆蛇弗蠚，攫鸟猛兽弗扣。骨弱筋柔而捉固，未知牝牡之合然怒，精之至也。终日呼而不嗄，和之至也。和曰常，知和曰明。益生曰祥，心使气曰强。物壮则老，是谓不道。

第7章：名与身孰亲？身与货孰多？得与亡孰病？甚爱必大费，厚藏必多亡。故知足不辱，知止不殆，可以长久。

第6章讲自然之先天性：比于赤子（"含慸之厚者，比于赤子"）。赤子是初生的婴儿，象征先天性，秉承道性，还没有发端后天的欲望与巧伪。

第7章讲人要内守：贵身（"名与身孰亲？身与货孰多？"）。人的自然先天性犹如赤子的内在性，人法自然故人要内守。身是内在的，而名货是外在之社会性。老子主张守身，也就是向内守，这和"守中，笃也"一句照应。《说文解字》："中，内也。"老子突出身，身作为内在之自然性，是防范外在文化性的异化。自然原意是自己如此，《玉篇·火部》："然，如是也。"孔颖达疏《礼记·学记》："然，如此也"，即本然。

当人做到法天地、法道、法自然，也就成了圣人，也就具有了治世的内圣条件。为何当人做到法天地、法道、法自然，也就能成为圣人呢？这是因为人法天地、道、自然，就是"以天为则"，是人合于"天"，其实达到了天人合德的至高境界，天地、道、自然都是"天道"的范畴。

二、外王：圣人治世

楚简《老子》甲本外王篇是第 8 章至第 19 章的内容。

外王即圣人治世，主要是处理好君民关系，在君民关系里，老子又是以民为本的。老子主张由圣人来做君王，圣人是得道的人。老子主张的民本理念，是君不强制民："我（圣人）无为而民自化。"

老子构想的理想社会是民自富、民自化、民自正、民自朴，老子认为需要由合道的人来治世才能实现理想的社会，即由圣人治世，而圣人治世的具体路径是：圣人无事、圣人无为、圣人好静、圣人欲不欲。楚简《老子》甲本在第 19 章末句概括为："是以圣人之言曰：我无事而民自富，我无为而民自化，我好静而民自正，我欲不欲而民自朴。"

楚简《老子》甲本第 8 章、第 9 章论述圣人欲不欲，第 10 章、第 11 章论述圣人好静，第 12 章至第 16 章论述圣人无为，第 17 章至第 19 章论述圣人无事。

（一）圣人欲不欲

圣人欲不欲，即圣人不贪婪（以不欲为欲），而民自朴："我欲不欲而民自朴。"相关原文为楚简《老子》甲本第 8 章、第 9 章。第 8 章中的"视素保朴，少私寡欲"，第 9 章中的"罪莫厚乎甚欲，咎莫险乎欲得"，都提到了关于欲的问题。楚简《老子》甲本里，"江海所以为百谷王……"与"罪莫厚乎甚欲……"为同一章，比今本《老子》分为两章更合理，廖名春提到，"楚简从'视索（素）保朴，少私寡欲'论及'以其不争，故天下莫能与之静争'，进而谈'甚欲''欲得''不知足'之误，逻辑思路清楚。……楚简的内在理路清楚，当为故书之旧；而王弼本当经过了后人的改编"①。

第8章：绝智弃卞，民利百倍；绝巧弃利，盗贼无有；绝伪弃虑，民复季子。三言以为辨不足，或命之或呼属：视索保朴，少私寡欲。

第9章：江海所以为百谷王，以其能为百谷下，是以能为百谷王。圣人之在民前也，以身后之；其在民上也，以言下之。其在民上也，民弗厚也；其在民前也，民弗害也。天下乐进而弗厌。以其不争也，故天下莫能与之争。罪莫厚乎甚欲，咎莫险乎欲得，祸莫大乎不知足。知足之为足，此恒足矣。

第8章讲欲的界限："少私寡欲。"也就是老子不主张过度彰显欲望而纵欲，但承认了合理的欲望。（今本《老子》里还有"无欲"的表述，显然陷入了禁欲主义，与"少私寡欲"相矛盾。）第8章的"绝智弃卞"在今本《老子》里是"绝圣弃智"，如果老子一方面推崇圣人，另一方面又"绝圣"，会导致相互矛盾，而"绝智弃卞"就不会有这样的悖论。

第9章讲违背欲不欲的后果：甚欲之罪、欲得之咎、不知足之祸，进而提出知足的思想。老子讲不争，是说执政者处下，不与民争利，体现公共服务精神，也就是一种民本精神。

---

① 廖名春：《郭店楚简老子校释》，清华大学出版社，2003年，第46页。

（二）圣人好静

圣人好静，即圣人不妄动（不彰显权力意志），而民自正："我好静而民自正。"相关原文为楚简《老子》甲本第10章、第11章。（第11章"孰能浊以静者将徐清"明确提到了静。）

第10章：以道佐人主者，不欲以兵强于天下。善者果而已，不以取强。果而弗伐，果而弗骄，果而弗矜，是谓果而不强，其事好。

第11章：长古之善为士者，必微弱玄达，深不可识，是以为之容：豫乎若冬涉川，犹乎其若畏四邻，俨乎其若客，涣乎其若释，敦乎其若朴，沌乎其若浊。孰能浊以静者将徐清，孰能安以动者将徐生？保此道者，不欲尚盈。

第10章讲好静的体现：不武力称霸（"不欲以兵强于天下"）。圣人好静，不发动权力意志而称霸天下，体现出老子的人类情怀和人文关怀，老子是反对倚强凌弱的丛林法则。今本《老子》把和平与战争作为有道与无道的一个判断标准，"天下有道，却走马以粪；天下无道，戎马生于郊"。

第11章讲好静的状态："微弱玄达，深不可识。""犹乎其若畏四邻"等描述，老子意在说执政者需要谨小慎微，去除权力意志，而不是狂妄自大。

（三）圣人无为

圣人无为，即圣人不强制，而民自化："我无为而民自化。"相关原文为楚简《老子》甲本第12章至第16章。（第

12 章中的"是以圣人无为故无败",第 13 章中的"道恒无为也",第 14 章中的"为无为",第 15 章中的"是以圣人居无为之事",都明确提到了无为。第 16 章的"道恒无名"是对"无为"的拓展,故第 16 章在竹简中抄写时,与前一章之间空了两个字的距离。)

第 12 章:为之者败之,执之者远之。是以圣人无为故无败,无执故无失。临事之纪,慎终如始,此无败事矣。圣人欲不欲,不贵难得之货;教不教,复众之所过。是故圣人能辅万物之自然,而弗能为。①

第 13 章:道恒无为也,侯王能守之,而万物将自化。化而欲作,将镇之以无名之朴。夫亦将知足,知以静,万物将自定。

第 14 章:为无为,事无事,味无味。大,小之。多易必多难,是以圣人犹难之,故终无难。

第 15 章:天下皆知美之为美也,恶已;皆知善,此其不善已。有无之相生也,难易之相成也,长短之相形也,高下之相盈也,音声之相和也,先后之相随也。是以圣人居无为之事,行不言之教。万物作而弗始也,为而弗志也,成而弗居。天唯弗居也,是以弗去也。

第 16 章:道恒无名,朴唯微,天地弗敢臣。侯王如能守

① "为之者败之"章与"其安也,易持也"章,楚简《老子》甲本是作为两章而分开的,今本《老子》是同作为一章。有学者考据,《韩非子·喻老》里,也是当作两个章节在引用。

之，万物将自宾。天地相合也，以输甘露，民莫之命而自均焉。始制有名，名亦既有，夫亦将知止，知止所以不殆。卑道之在天下也，犹小谷之与江海。

第12章讲无为的作用："无为故无败。""为"字的甲骨文从爪从象，原意是人对大象进行驯化，驯化意味着改变本来状态，是强加人的意志，所以"为"的本义是意志的强加，因而无为也包含不强加意志的意思，无为也就是不强制。执政者无为，就是不彰显权力意志，对民不强制、不干预，是防止公权力异化为私权力，体现民自主的民本思想。《韩非子·扬权》也认为不彰显权力即是无为，"权不欲见，素无为也"。执政者不强制，民就是自由的状态。犹如哈耶克所说，"在这种状态下，社会中他人的强制被尽可能地减到最小限度。这种状态我们称之为'自由'的状态"①。

第13章讲无为的地位："道恒无为。"道是无为的，把无为之治上升到道的高度（突出了无为的重要性），也就是执政者实施无为之治才是符合道的。当然这里的道是价值之道，而不是本原之道。老子的道，既有本原维度，也有价值维度。"先天地生"的道是本原之道，"道恒无为"的道是价值之道。

第14章讲无为的状态："犹难。"（"是以圣人犹难之。"）执政者不妄自尊大，才能收敛权力意志，不至于干预民。在老子思想里，对于为的问题，有的地方是反对为的，比如"为之

① ［英］哈耶克著，杨玉生等译，《自由宪章》，中国社会科学出版社，2012年，第28页。

者败之";而有的章节又是主张为的，比如"为而弗志也"，"为之于其无有也"。出现这种情况，并非老子思想的悖论，而是为具有不同的含义。凡是老子在反对为时，这里的为是强制的意思；凡是老子在主张为时，这里的为是"做"的意思。"为无为"里的第一个字"为"是做，后面的"无为"是不强制。

第15章讲无为的体现："行不言之教。"旨在反对执政者采取意识形态驯化，反对推崇唯一真理，而是主张思想自由，具有怀疑精神，从而具有多元化的价值。穆勒在《论自由》一书里也非常推崇思想自由、言论自由。

第16章接续讲无为的体现："无名。"无名就是不外求名位，"道恒无名"同样指向价值之道。《庄子·逍遥游》则直接表达为"圣人无名"，因为圣人是符合"道恒无名"的。

（四）圣人无事

圣人无事，即圣人不生事（无事安民，不扰民），而民自富："我无事而民自富。"相关原文为楚简《老子》甲本第17章至第19章。（第19章中的"以无事取天下"明确提到了无事。）

第17章：其安也，易持也；其未兆也，易谋也。其脆也，易判也；其几也，易散也。为之于其无有也，治之于其未乱。合（抱之木，作于毫）末；九成之台，作（于垒土；百仞之高，始于）足下。①

第18章：知之者弗言，言之者弗知。闭其兑，塞其门；

---

① 括号部分系竹简受损失缺字，据北京大学藏西汉竹书《老子》而补录。

和其光，同其尘；挫其锐，解其纷，是谓玄同。故不可得而亲，亦不可得而疏；不可得而利，亦不可得而害；不可得而贵，亦不可得而贱，故为天下贵。

第19章：以正治邦，以奇用兵，以无事取天下。吾何以知其然也？夫天多忌讳而民弥叛，民多利器而邦滋昏，人多智而奇物滋起，法物滋彰盗贼多有。是以圣人之言曰：我无事而民自富，我无为而民自化，我好静而民自正，我欲不欲而民自朴。

第17章讲无事的前提："为之于其无有也，治之于其未乱。"也就是要做到无事（不生事），就要不让事发生，而不是出事了再为，大乱了再治。"其安也，易持也；其未兆也，易谋也。其脆也，易判也；其几也，易散也"等内容，也是在讲防微杜渐的治于未乱之理。《尚书》里有"制治于未乱"的原文，《黄帝内经》里则有"不治已病治未病"的思想。

第18章讲无事的体现："玄同。""玄同"突出公正原则，不分亲疏是超越情感，不分利害是超越私利，不分贵贱是超越世俗价值："故不可得而亲，亦不可得而疏；不可得而利，亦不可得而害；不可得而贵，亦不可得而贱，故为天下贵。"执政者做到了公正，就不会生出事来；不公正，则会生出事端。

第19章讲无事的终极目标："以无事取天下。"突出取天下的路径不是武力，而是无事。当时的历史处境是春秋战国时期，诸侯争霸，天下大乱。老子是写给诸侯王的，提出取天下（得天下）的方案，不是武力统一天下，而是"以无事取天下"。各大诸侯都试图以武力称霸天下，而这又是不得人心的。

老子认为，如果反其道而行之，以无事的方式停止战争，更能得天下人之心，天下人自动归往。（《说文解字》："王，天下之归往也。"）"以奇用兵"是针对防御的，因为"不得以兵强于天下"。

第19章的末句"是以圣人之言曰：我无事而民自富，我无为而民自化，我好静而民自正，我欲不欲而民自朴"，是对整个外王篇内容的概括。（老子在外王篇先后讲了四个专题：欲不欲、好静、无为、无事，但在第19章末句概括时却是逆序概括：无事、无为、好静、欲不欲。这是因为第19章讲的是无事："以无事取天下"，而末句又是顺着无事专题接的，所以在概括外王篇时直接从无事开始：无事、无为、好静、欲不欲。）要实现民自富、民自化、民自正、民自朴的自治社会，需要圣人无事、无为、好静、欲不欲。圣人无事而民自富，圣人无为而民自化，圣人好静而民自正，圣人欲不欲而民自朴，阐发的是君民关系，突出民本思想。老子讲了一个深刻道理，天下的无道、混乱，其责任在执政者而不是在民。

余　论

楚简《老子》甲本共五组竹简。上篇共三组，总纲道和人法天地专题是两组①，人法道和人法自然是一组（竹简原顺

---

① 实际这两组是一组，之所以作为两组，"天地之间"一章正好抄写到竹简末尾，而"至虚，恒也"一章从简头开始抄写，竹简散乱后，拼连时就当成了两组。"至虚，恒也"一章很简短的内容单独作为一组，显然是不符合常理的。楚简《老子》甲本拼连成五组，实际是四组。

序是人法自然的内容在人法道的内容之前，笔者做了顺序互换调整）；下篇共两组，圣人欲不欲、圣人好静、圣人无为三个专题是一组，圣人无事专题是一组。

内圣篇里论述的人法天地、人法道、人法自然，阐发的是"天"人关系，主张人法"天"（广义的天道，包括天地、道、自然），突出的是天人合德的思想。外王篇论述的圣人欲不欲（民自朴）、圣人好静（民自正）、圣人无为（民自化）、圣人无事（民自富），阐发的是君民关系，理想的君民关系是圣人与民的关系，老子主张君不强制民突出的是民本思想。内圣是修身（做人），是要超越世俗性，对精神性的成全；外王是治世（做事），是要超越小我（一己之私），对大我的成全（公天下）。楚简《老子》甲本具有完整结构秩序，老子是第一个明确把内圣外王之道作为一个完整体系来建构的思想家，内圣外王之道确实是中华文化的一个重要的思维范式。（楚简《老子》甲本的完整思想体系可以用一个"口诀"来表达：老学内圣与外王，人法地天道自然，圣人无事与无为，圣人好静欲不欲。）

老子讲内圣外王与孔子讲内圣外王是不同的。老子在内圣里突出了自然（本然），在外王里突出了无为（老子用 5 个章节集中论述无为，是内容最多的一个专题），自然和无为都是老子的独特性。孔子也偶尔有自然和无为的意蕴，但所占的权重非常少。老子、孔子都涉及天人关系，其角度也是不同的。老子主张的法"天"，而孔子主张敬天（畏天）。

楚简《老子》甲本是一个完整的思想体系，楚简《老子》

甲本或为老子元经。谭宝刚在其博士学位论文《老子及其遗著研究》①里也认为，楚简《老子》甲本19章是老子原著，给出的理由是，唐代陆德明在《庄子音义》里提到"老聃为喜著书十九篇"。如果楚简《老子》甲本是老子元经，别的内容为老子后学内容，那么楚简《老子》甲本的地位要高于其他内容。周凤五认为，楚简《老子》甲本与乙本、丙本的竹简差异，能看出书的地位不同，应是经与传的差异。"郭店竹简有经与传注之分，简策长者为经，短者为传……以简策区分经、策的原则是一致的"②，而楚简《老子》甲本比乙本、丙本长。"简端形状也是区分经、传的主要依据，梯形为经，平齐者为传"③，"甲组《老子》……竹简的上下端都修整为梯形"④，"乙、丙两组《老子》的简端同样平齐而非梯形，显示其与甲组《老子》确有区隔"⑤。高华平认为只有分出经与传注，"才能给楚简《老子》书写于三组长短不同竹策的事实，以一个合理的解释"⑥。并"通过考察楚简《老子》的内容和

---

① 参见谭宝刚：《老子及其遗著研究》，巴蜀书社，2009年。
② 周凤五：《郭店竹简的形式特征及其分类意识》，载《郭店楚简国际学术研讨会》，湖北人民出版社，2000年，第59页。
③ 周凤五：《郭店竹简的形式特征及其分类意识》，载《郭店楚简国际学术研讨会》，湖北人民出版社，2000年，第59页。
④ 周凤五：《郭店竹简的形式特征及其分类意识》，载《郭店楚简国际学术研讨会》，湖北人民出版社，2000年，第54页。
⑤ 周凤五：《郭店竹简的形式特征及其分类意识》，载《郭店楚简国际学术研讨会》，湖北人民出版社，2000年，第54页。
⑥ 高华平：《对郭店楚简〈老子〉的再认识》，《江汉论坛》2006年第4期，第96页。

文体特征，认为郭店楚简文本显示《老子》一书原是经、传（解说文）的混合体；楚简《老子》甲组属'经文'，乙、丙二组属'解说文'"①。"在先秦时期……经、传一并流传，这种情况十分普遍。现今传世的先秦诸子文本，有些人已无法分辨出经、传，但有些文本却因为明确标示了经、解、说字样，而仍能使人一目了然。如《墨子》中有经有说，《管子》中既有《形势》《版法》《明法》诸篇，又有《形势解》《版法解》《明法解》等解说文，皆是其例。"② 而且还认为，《太一生水》不是今本《老子》的内容，又与楚简《老子》丙本连接在一起，也说明楚简《老子》丙本是传、注的性质。③（周凤五、高华平的共同认识，是楚简《老子》甲本与乙本、丙本不是同一本书，且甲本的地位高于乙本、丙本。）楚简《老子》甲本与丙本有一章是重复的（"为之者败之"一章），这是因为虽是同一章，但内容有差异，比如甲本是"教不教"而丙本是"学不学"等，即这一章有不同的版本的流传，于是抄写者重新抄了一次，作为附录（该章竹简独立作为一组，是作为附录的一个证据）。

有的学者认为楚简《老子》为摘抄本，但楚简《老子》

---

① 高华平：《对郭店楚简〈老子〉的再认识》，《江汉论坛》2006年第4期，第93页。

② 高华平：《对郭店楚简〈老子〉的再认识》，《江汉论坛》2006年第4期，第95页。

③ 参见高华平：《对郭店楚简〈老子〉的再认识》，《江汉论坛》2006年第4期，第94页。

甲本是一个完整的思想体系，章与章之间的先后顺序是按照思想结构顺序展开的，行文一气呵成。如果是摘抄本，恐怕没有这么巧合，同时也没有证据证明老子本人写了数千言的内容。有的学者认为，有的内容在楚简《老子》之前就有，但不见于楚简《老子》，因而楚简《老子》（包括楚简《老子》甲本）必然是摘抄本，比如《说苑》一书提到叔向引用老聃的话——"天下之至柔"。木斋对《说苑》的引用进行了质疑，"《说苑》所载叔向的话语，不能证明确为叔向所言，而要研究所引出处之著作的时间，《说苑》为杂史小说集，二不可信"①。其实叔向引用的老聃内容在楚简《老子》前，也不能证明楚简《老子》为摘抄本，因为虽然楚简《老子》传抄本在叔向之后，但尤其是楚简《老子》甲本的原本可能在叔向引用之前。另外，叔向引老聃几句话，不能证明有《老子》五千言成书。

今本《老子》应为老子学派文集，是历经几百年时间由多人所作。高华平根据先秦文献对《老子》的引用情况，认为今本《老子》定稿于秦代统一文字的时期，由李斯完成。②我们看到的《庄子》《韩非子》等各种文本引用的老子言论，有的却在楚简《老子》甲本里看不到，那么这些言论引用的老子实际就是老子学派，而且《庄子》《韩非子》等成书本身

---

① 木斋：《先秦文学演变史》，人民出版社，2019年，第255页。
② 参见高华平：《先秦〈老子〉文本的演变——由〈韩非子〉等战国著作中的〈老子〉引文来考察》，《中州学刊》2019年第10期，第107页。

就晚于楚简《老子》。今本《老子》和《管子》《墨子》《庄子》等类似，都是学派文集。《管子》是管子学派文集，《墨子》是墨子学派的文集，《庄子》是庄子学派的文集。余嘉锡提出诸子即后世之文集，吕思勉提出诸子之题实为学派之名。张涅在谈到诸子著作时也提到，"更显然的是学派思想的流变性，诸子著作实质上学派的论文集，这些学派的形成经过了近百年，甚至两百多年的历史过程，后学思想必然会有所发展"①。许抗生提到，"《老子》一书似乎经历了由楚简本向汉帛本的转化过程"②；熊铁基提到，"汉代曾经对先秦典籍进行了较为全面的改造，其中，对《老子》一书的改造就很典型"③。李泽厚说："关于《老子》，竹简所录当为古本……今本《老子》乃不断增益更改，并非一人一时所作。"④ 池田知久说："通过极其细致、甚至琐碎的比较与分析，我在提供大量证据的基础上，自信可以提出以下结论，即楚简《老子》先出，是施加影响的本子，马王堆《老子》甲本、乙本及今本《老子》后出，是接受影响的文本。这一套不受他人影响、严格遵从证据说话的研究方法。"⑤ 朱大星说："五千文本与汉

---

① 张涅：《走近诸子的另一条路径》，《光明日报》2019 年 3 月 2 日。
② 许抗生：《初读郭店竹简〈老子〉》，载《中国哲学》第 20 辑——《郭店楚简研究》，辽宁教育出版社，1997 年，第 93—102 页。
③ 熊铁基：《从〈老子〉到〈道德经〉》，《光明日报》，2007 年 6 月 1 日。
④ 李泽厚：《初读郭店竹简印象纪要》，载《道家文化研究》第 17 辑，生活·读书·新知三联书店，1999 年，第 420 页。
⑤ 池田知久：《出土资料研究同样需要"古史辨"学派的科学精神——池田知久教授访谈录》，《文史哲》2006 年第 4 期。

帛《老子》都是在简本或与简本相似的其他《老子》传本基础上形成的。"① 郭沂认为楚简《老子》皆为老聃所著。② 有不少学者从今本《老子》的用词变迁上也进行了论证，比如今本《老子》有的用词是老子所在时代之后的特点。梁启超也认为，今本《老子》里有的内容有战国后期的语言特点。③ 楚简《老子》乙本和楚简《老子》丙本的内容不同于楚简《老子》甲本，且在时序上又晚于楚简《老子》甲本，也说明内容在不断增加，今本《老子》是在老子祖本基础上逐步增改完成的，而在秦汉时期重建经典时得以定稿，形成五千言《老子》。秦汉重建经典，一方面由于原始经典不详，另一方面是当时意识形态的取舍需要，都必然造成秦汉重建的经典与原始经典的不符。熊铁基也关注过《老子》被改造的问题，"笔者想重申和强调多年来的一个看法：随着考古事业的发展，如同战国时期出土的竹简本《老子》那样，先秦的《老子》也可能与流传至今的《老子》不太相同，甚至很不一样，那是因为汉人对先秦典籍进行过多方面的改造"④。胡适也说，"此书（今本《老子》）有许多重复的话和许多无理的话，大概不免

---

① 朱大星：《敦煌本〈老子〉研究》，中华书局，2007 年，第 338 页。
② 参见郭沂：《郭店竹简与先秦学术思想》，上海教育出版社，2001年，第 49—100 页。
③ 参见梁启超：《论〈老子〉书作于战国末》，载《古史辨》（第 4册），第 306 页。
④ 熊铁基：《抱道持身，履践三宝——如何解读〈老子〉第 67 章及其他》，《哲学研究》2017 年第 12 期，第 58 页。

有后人妄加妄改的所在。"①

从楚简《老子》甲本到今本《老子》，主要体现在四个方面的流变性。一是，从自洽结构到散漫的学派文集。楚简《老子》甲本是一个自洽的结构，由于后学内容参与，重新编撰而导致原结构散乱形成散漫的学派文集。二是，从道论到道德论。楚简《老子》甲本论道不论德（只有一处提到德），楚简《老子》甲本本身是一个完整的结构体系；而楚简《老子》乙本提到了 10 次德，到今本《老子》形成了道·德论："道生之，德畜之"，"万物莫不尊道而贵德"。三是，从解构仁义到批判仁义。楚简《老子》甲本虽不批判仁义（无"绝仁弃义"，而是"绝伪弃虑"），但突出无名对仁义有解构。楚简《老子》乙本则开始批判仁义，"大道废，安有仁义"。今本《老子》则激烈批判仁义，改"绝伪弃虑"为"绝仁弃义"；同时在楚简《老子》甲本"天地之间……"一章里增加了"天地不仁/圣人不仁"的内容。（楚简《老子》甲本"天地之间……"一章无"天地不仁/圣人不仁"的内容，《文子》引用《老子》该章时也无"天地不仁/圣人不仁"的内容。）今本《老子》里有"与善仁"，不能得出今本《老子》同时推崇仁，一则与"绝仁弃义"矛盾，二则赵孟頫书《道德经》作"与善人"，汉帛《老子》作"予善信/天"。四是，从有无并举到以无为本。楚简《老子》甲本中的有无并举是讲体用关

① 胡适：《中国古代哲学史》，上海古籍出版社，2013 年，第 32 页。

系，以有为体——"有庄昆成"，以无为用——"道恒无为也""道恒无名"。今本《老子》以无为本："有生于无"，讲的是生成论（"道生一，一生二，二生三，三生万物"），是"以无为体"。

楚简《老子》甲本作为完整的思想体系，是一本完整的著作。这一事实，可以重新审视一些传统共识。一般认为，老子的著作章节顺序散漫，章与章的顺序布局是跳跃的，而楚简《老子》甲本作为完整的思想体系。一般认为，先秦无体系性著作，而楚简《老子》甲本作为完整的思想体系。楚简《老子》甲本应是世界上第一本有完整体系的思想性著作。

从现代性角度，内圣外王理论需要反思。一是，内圣外王把精神性与政治性结合于一体，没有实现政教分离，精神性与政治性的统一，会导致政治性压制精神性，应主张"上帝的归上帝，恺撒的归恺撒"。二是，内圣外王寄托于政治精英的自觉，通过"权力的自我节制"[①] 来实现善政，但这往往是乌托邦。现实实践中，往往被无道统治者利用，所以《庄子·胠箧》说："圣人不死，大盗不止。"三是，内圣外王理论是政治精英主义，与平民没有直接关系，不利于形成公民社会。在现代社会，内圣外王理论可以改造为，在现代制度基础上进行个人境界提升。

---

① 参见王博：《权力的自我节制：对老子哲学的一种解读》，《哲学研究》2010 年第 6 期，第 45 页。

第二节　体有用无：体用关系

　　道是老子道学的核心理念、逻辑起点，而道与有无的关系问题，以及有无与体用的关系问题，都是老子道学的元问题。笔者立足楚简《老子》甲本的原文，重新对这些问题进行检讨，从而打开老子道学元问题研究的新向度。

　　笔者之所以把楚简《老子》甲本作为一个整体来考察，一是该本是迄今为止所见最早的《老子》文本；二是该本有完整的结构布局。李零认为楚简《老子》甲本有层次结构，"此组分篇甚有理致，上篇……是以论述'天道'贵虚、贵柔、贵弱为主，下篇……是以论述'治道'无为为主，即以无为治国用兵取天下为主，似乎是按不同的主题而编录"①。笔者也注意到，该本是一个有结构秩序的内圣外王思想体系，《内圣外王：修治路径》一节已有论述。

一、道的内涵：有无同构

　　道的本义是路，这在文字学领域已取得基本共识。吴澄在《道德真经注》里注"道可道非常道"一句的首字道时，也同样提到"道，犹路也"。路有时直接叫作道，比如给盲人留的路叫作"盲道"。那么道的本义路与形上的哲学义之间有何关

---

　　① 李零：《郭店楚简校读记》，中国人民大学出版社，2007 年，第 3—4 页。

联性呢？当门卫问访客"你从哪里来，到哪里去"，这涉及本义路的问题。而哲学家问"人从哪里来，到哪里去"问的也是路，但这是哲学意义上的形上之路。"人从哪里来"是本原之路（体），"人到哪里去"是价值之路（用），所以老子用道（路）来表达这种形上之路。（生活中说要走正道，不要把路走错了，涉及价值之道。）

老子把道作为最高的理念，那么道的最根本的性质是什么呢？这就涉及有无的问题。除了道的概念之外，有无的概念最为根本。不论是古代的王弼（"贵无论"），还是近代以来的学者，在有无问题上大都把无作为道的唯一规定性。"从战国直到现在，垂直的解释（强调"有生于无"，道就是无）占了上风。"① 胡适是把道等同于无的，"老子所说的无与道简直是一样的。……可见道即是无，无即是道"②。郑开认为："……道只能从无的角度予以把握和理解……"③ 把无作为道的唯一规定性，会造成原文的矛盾。我们知道，老子还有"有无相生"的原文，在这里有和无是并列的，是相互依存的关系。之所以容易忽视有无并列的"有无相生"之原文表述，是因为在今本《老子》中有"天下万物生于有，有生于无"的原文，从

① 张祥龙：《有无之辨和对老子道的偏斜——从郭店楚简〈老子〉甲本"天下之物生于有/无"章谈起》，《中国哲学史》2010 年第 3 期，第 63 页。

② 胡适：《中国古代哲学史》，上海古籍出版社，2013 年，第 38 页。

③ 郑开：《中国哲学语境中的本体论与形而上学》，《哲学研究》2018 年第 1 期，第 84 页。

而依据于"有生于无"而确立无高于有的地位，进而认为无是道的内涵。

而楚简《老子》甲本不同于今本《老子》的"天下万物生于有，有生于无"，而是"天下之物生于有、生于无"，这是一个非常宝贵的信息。也就是楚简《老子》甲本不是"有生于无"，而是"生于有、生于无"，把有无作为并列地位，这样就与"有无相生"不矛盾了，且是相互验证。

当然，从楚简《老子》甲本的"天下之物生于有、生于无"，到今本《老子》的"天下万物生于有，有生于无"，也可能仅仅是修辞的变化，而不是义理的变化。我们仍然可以尝试从修辞的角度来还原出"天下万物生于有，有生于无"所表达的不是"有生于无"，而是有无并列的可能性。在老子文本中，有类似于成语接龙的句子，后一句的尾字接前一句的首字，达到一气贯注的语音节奏效果，类似于顶针修辞。比如，"强为之名曰大，大曰逝，逝曰远，远曰反"，实际含义是"强为之名曰大、曰逝、曰远、曰反"。同理，"天下万物生于有，有生于无"，实际含义是"天下万物生于有、生于无"，即"有生于无"的"有"实际是为了接前边的尾字，而无实际含义，犹如"逝曰远"的逝是为了接前边的尾字。如是，则今本《老子》的"天下万物生于有，有生于无"和楚简《老子》甲本的"天下之物生于有、生于无"，含义是一致的。（今本《老子》是"天下万物"，而王弼在注中却是"天下之物"，可能今本《老子》原文也是"天下之物"，正好与楚简

《老子》甲本一致。）类似的修辞使用还有"道生一，一生二，二生三，三生万物"，可以还原为"道生一，生二，生三，生万物"。是道生万物，不是三生万物，道生万物是道家的共识理念，《文子·自然》里也有"道生万物"的原文。

综上，把单一的无作为道的内涵，会导致与"有无相生"的原文相矛盾。依据楚简《老子》甲本的"天下之物生于有、生于无"的原文，有无同构才是道的内涵，并与"有无相生"的原文验证。

二、道的体用关系：道体之有与道用之无

由于楚简《老子》甲本是"天下之物生于有、生于无"，部分学者也认同有无同构作为道的内涵，而不是单一把无作为道的内涵。陈鼓应也说道："有、无关系是对等的。"[①] 陈鼓应重视到了有无的对等关系，有无同作为道的内涵。但又说："有、无关系是对等的，是用以指称道体之一体两面。"[②] 在讲体用关系时，认同王弼的"以无为本，以无为用"的观点，"至于体用观方面，老子隐含性地提出道的体、用问题，其后由王弼加以显题化，而提出'以无为本，以无为用'等重要命题"[③]。一方面认为有无一体作为道体，一方面又认同王弼单一的以无为体，是相互矛盾的。张祥龙也关注到有无同构的

① 陈鼓应：《老子新论》，中华书局，2015年，第95页。
② 陈鼓应：《老子新论》，中华书局，2015年，第95页。
③ 陈鼓应：《老子新论》，中华书局，2015年，第172页。

问题，"楚简《老子》甲本却将今本《老子》第40章的垂直表述变为了水平表述，让人看到《老子》道论的更古朴也更内在一致的结构"①。但张祥龙没有揭示出有、无与道的体用的关系。

其实楚简《老子》甲本明示了有无与道体道用的关系。"天下之物生于有、生于无"在楚简《老子》甲本的完整章节内容是："反也者，道动也；弱也者，道之用也。天下之物生于有、生于无。"在这一章中，"反也者，道动也；弱也者，道之用也"与"天下之物生于有、生于无"正好是对应关系。"生于有"对应的是"反也者，道动也"，"生于无"对应的是"弱也者，道之用也"。"反也者，道动也"讲的是道体，本原之道。反是指向道体的，因为老子在表述本原之道时，就用到了反，"字之曰道，强为之名曰大，大曰逝，逝曰远，远曰反"。而且"反"这句是接着"'有'庄昆成"那句文意的，也说明反是有，"反也者，道动也"对应有，对应道体。"弱也者，道之用也"，直接有"道之用"的原文，讲的是道用，具体表现为柔弱。（今本《老子》里的"无之以为用"也是把无作为用，与此一致。今本《老子》有原文"有之以为利，无之以为用"，这里的有无关系也说明今本《老子》其实也并没有把无作为体。）也就是有是道体，无是道用，道是道体之有与道用之无的有机统一。

<hr>

① 张祥龙：《有无之辨和对老子道的偏斜——从郭店楚简〈老子〉甲本"天下之物生于有/无"章谈起》，《中国哲学史》2010年第3期，第63页。

"天下之物"，指天下之人。这有两方面的证据，一是，"天下"是政治概念（比如老子还讲"以无事取天下"，《大学》讲"平天下"），"天下之物"所指向的是天下之人。二是，物指人。比如老子讲"侯王能守之，而万物将自化"，这里万物是万民，在讲人，"万物将自化"也就是万民将自化，所以还有"我无为而民自化"的原文。今本《老子》里的"物或恶之"的物具有价值判断能力，也是指人。"天下之物生于有、生于无"，是说天下之人既生于道体，也生于道用。当时没有使用人，而是用物，是因为当时社会分出了人和民，人是有一定身份地位的群体，民是无身份地位的民众（万物）。有学者也考究过，《论语》中的人，是指上位者、君子，也是有一定身份地位的群体，"《论语》中，'人'字共出现了114次，它多意指上位者、君子"①。

"反也者，道动也"讲的是道体之有，道体的特征之一表现为道动：反（道体有四大特征：大、逝、远、反），说明老子的本原之道不是静止不变的，而是运动的变化的，道动的思想应该是受到周易变化观念的影响。"弱也者，道之用也"，讲的是道用之无，道用的特征是弱，也就是柔弱。老子把无作为道用，推崇无为而治、无事安民等，而这些理念正好是柔弱治国之道。

有指向道体，无指向道用，除了在楚简《老子》甲本的

① 唐代兴，唐楚凌：《孔子民本思想的返本开新》，《哲学研究》2017年第11期，第60页。

"反也者，道动也；弱也者，道之用也。天下之物生于有、生于无"这一章里找到对应关系。我们还能看到相关的原文证据。老子在讲"先天地生"的道体（本原之道）时，他用的是有，而不是无，楚简《老子》甲本是"有庄昆成"（据李零调整的楚简《老子》甲本的顺序，且"有庄昆成"在首章首句，开篇第一个字就是"有"），今本《老子》是"有物混成"。道体"先天地生"，是一种对象存在，它必然属于有，而不能属于无。董平也注意到，道作为本原，"本原本身必定是有，而不是纯粹的无。老子说……有象、有物、有精、有信，无论何种解释……都是有而非无"①。希腊哲学讲本体论时，也是以有为起点，而不是以无为起点，本体论即存有论、万有论、是论。老子在谈论道用时，则指向了无，比如无为、无名、无事等。这些无的要素，都是治国范畴，有价值维度的意义，而不是作为道体范畴。老子是通过讲治国来讲道用，老子是讲给侯王的，不是讲给大众的。"有庄昆成"中的有指向道体，"道恒无为""道恒无名"中的无指向的是道用，道是道体之有和道用之无的有机统一，也就是本原之道与治国之道的有机统一。"道恒无为"中的道，不少人都会误解为是道体，是本原之道，这忽视了一个常识，那就是无为是指向治国的："无为而治"，治国属于道用，不是道体。"道恒无名"中的道，同样不是指向道体，而是指向道用，因为无名是不追求

---

① 董平：《老子研读》，中华书局，2015 年，第 19 页。

名位，是对"名教"异化的修正，所以老子进一步提"不可得而贵，不可得而贱"。其实王弼也注意到这一点，注"始制有名"时说："始制，谓朴散始为官长也。始制官长，不可不立名位以定尊卑，故始制有名也。"（王弼注《老子道德经》第32章）有名是有名位，无名则是超越名位。

不少学者受到今本《老子》影响，主张道为体、德为用的道体德用说。陈鼓应也有同样的主张，"道和德的关系是合二为一的，老子以体和用的发展说明道和德的关系"[①]。之所有这样的观点，与今本《老子》的一些原文有关，比如"道生之，德畜之"，"万物莫不尊道而贵德"，加之今本《老子》又名"道德经"，体现了道与德的主概念，既论道也论德。但把道作为体，德作为用，是与原文有悖论的。比如，作为"先天地生"的道，是道体这没问题。但即使在今本《老子》里也还有道作为用的原文，比如"天下有道，却走马以粪。天下无道，戎马生于郊"，这里的道是治国之道，它是属于道用的范畴。"天下无道"，是指天下无道义，是治国之道，作为本原之道的道体不存在"无道"的问题。如果推崇道体德用说，会把道用维度给遮蔽，而道是道体和道用的有机统一。楚简《老子》甲本里分出了道体之有与道用之无，用道来统摄本原之道与治国之道，没有把德作为重要的概念。楚简《老子》甲本仅有一处提到了德，"含德之厚者，比于赤子"，而不像

---

① 陈鼓应：《老子新论》，中华书局，2015年，第149页。

今本《老子》一样较大篇幅论德，所以不能把德作为楚简《老子》甲本的主要概念。楚简《老子》甲本论道不论德，是一部纯粹的"道"经，而这里的道统摄了道体之有和道用之无，是一部自洽的完整著作。

综上，有指向道体（如，"有庄昆成"），是本原之道；无指向道用（如，"道恒无为""道恒无名"），具体表现为治国之道（无，具体指无为、无名、无事等）。老子的道是道体之有和道用之无的有机统一（也就是本原之道与治国之道的有机统一），也同时把有无问题与体用问题关联了起来，有是体，无是用，"有无相生"也就是体用相生。楚简《老子》甲本论道不论德，是"有"为体、"无"为用的自洽系统。楚简《老子》甲本不是"有生于无"，也无"道生一，一生二，二生三，三生万物"一句，这不同于通行本《老子》的生成论思想。

三、重新检讨"道不可说"的流行观点

楚简《老子》甲本里有哲学概念，用有无来规定道，说明道是可以被言说的。这一信息，可以作为重新去理解今本《老子》"道可道非常道"的含义的依据。认为道不可说，在哲学界有很大的共识。认为道不可说，与对今本《老子》"道可道非常道"的理解有很大关系（楚简《老子》无"道可道非常道"这一章）。张岱年说："道则超乎感觉经验，所以实

没有恰当词字可以形容道……以言语论道，所论实非道之本然。"① 郑开说："道在根本上却是不可说的。"② 认为道不可说，在当今学界，占据主流的观点。认为道不可说，与后学重视体悟学说也有关，体悟学说反对语言概念的彰显。认为道不可以说，《道德宝章》最为明确地支持这一观点，对"道可道非常道"的注释是："道：如此而已；可道非常道：可说即不如此。"意思是可说则不是道，即道不可说。而老子本人并不是把体悟放在第一位的，老子道学是有充足的理性色彩的，是有概念系统的，比如有/无、自然、无为等。河上公注释"道可道非常道"一句，则并没有提到道不可说，他的注释是："道可道：经术政教之道也；非常道：非自然长生之道也。"

把"道可道非常道"理解为道不可说，恰恰是背离原文的。原文明确说的是"道，可道"，即道是可以说的。道可说，且道不是常道（"非常道"）。也就是原文分出了道和常道，但道可说。原文讨论的是道，而不是常道（道不是恒道不变的伪道）。在原文中，道的概念是高频词，而常道只提到了 1 次，且是否定常道。如果原文是贬低可说的道，而推崇常道的话，为何在原文中，看不到常道的概念的广泛使用呢？老子是道家不是常道家，老学是道论不是常道论，这是容易忽视的地方。

通常把"道可道非常道"理解为常道的地位高于道，认

①　张岱年：《中国哲学大纲》，昆仑出版社，2010 年，第 25 页。
②　郑开：《中国哲学语境中的本体论与形而上学》，《哲学研究》2018 年第 1 期，第 82 页。

为可以说出的道就不是真正的那个常道，贬低可道之道而推崇常道，这是一大误解。不论是今本《老子》，还是楚简《老子》甲本，其原文都是在论道，而不是论常道。同样，"道可道非常道"，不是落在常道上，而是落在道上。道有两大特点，一是可道；二是道不是常道（"非常道"），对常道进行否定。从它是什么、它不是什么，两个角度去论述的。我们可以把停顿和标点确定为："道：可道；（道）非'常道'"，"可道"和"非'常道'"是从两个角度对道进行描述。意思就是真道是可道的（可说的），真道不是静止的恒常不变的伪道。可道指向道可说，非常道指向道是变化的（不是静止的恒常不变的伪道）。可说和变化就构成了道的两大特征。

道之可道，正体现出哲学思维，道是一个哲学概念，可以用概念去规定它；道作为"非'常道'"，是说道不是恒常不变的静止固化的伪道，意在说道是变化的，所以在描述道时有原文"大曰逝""反也者，道动也"的原文。（《庄子·天下》提到"……兆于变化，谓之圣人"。《文子·道原》说："如事生者，应变而动，变生于时，知时者无常之行，故'道可道，非常道'。"文子把因时而动作为非常道。孔子赞老子犹龙，意在说老子"如龙之应时变化"。）"逝""道之动"都在说道是变化的运动的，而不是恒常不变的常道（恒道），因而原文不是推崇常道，而是否定常道，老子说讨论的道正是要与常道划清界限。常道，即恒道，恒常不变的道，汉帛《老子》的原文是"道可道也，非恒道也"（恒改为常，是汉代避讳恒帝所致）。

认为道不可说，还与今本《老子》原文"道隐无名""道常无名"（楚简《老子》甲本是"道恒无名"）的理解有关。冯友兰说："因为道无名，所以道不可言说。"① 郑开说："'道隐无名'表述了道超越于语言的特征。"② 其实，"无名"并不等于不可说。比如，今本《老子》提到的"名与身孰亲"，这里的名不是说的意思，而是名位的意思。同样，我们可以把"道隐无名""道常无名"理解为道隐匿而无名位，道没有名位意在反对"名教"异化分出高低贵贱，这是在解构儒家的价值判断（儒家主张正名），所以"始制有名"是在批判儒家，这里的"有名"并非老子所主张。"名亦既有，夫亦将知止"中的"既有"的提法，表示是迫不得已，而"知止"是对名的警惕。道无名，圣人合道，所以圣人也无名，《庄子·逍遥游》受到老子启发，直接表达为"圣人无名"，全句是"至人无己，神人无功，圣人无名"。庄子和老子一样，也是讲圣人合道，而不追求外在名位，把内在生命——身放在首位，而不是外在生命——名位放在首位。"道常无名"不等于"道不可说"。"名可名非常名"同样不是在说名不可名，而是在说名有两大特征，一是名可名，二是名不是常名（"非常名"），名不是恒常不变的伪名。"可名"中的"名"不是"名

① 冯友兰：《中国哲学简史》，北京大学出版社，2010 年，第 81 页。

② 郑开：《中国哲学语境中的本体论与形而上学》，《哲学研究》2018年第 1 期，第 82 页。

位"之义，而是命名之义，汉简《老子》正好作"可命"，即"可名"中的这个名是动词。"可道"中的道也是动词（说的含义），南怀瑾认为道作为说是唐宋之间的口头语，这是误解。可道在先秦有可说的意思，比如《诗经》里的"墙有茨，不可扫也，中冓之言，不可道也。所可道也，言之丑也"，可道中的道就是说的意思。

有的学者认为道不可说，还把"吾不知其名，字之曰道，强为之名曰大"作为证据，同样，这里的名也不是说的意思。在这句中，老子分出了名和字，名是取名的那个名，这是来自名字学文化。古人取名字有讲究，名是名，字是字，名是父亲取的，字是朋友取的。老子作为道的"朋友"，所以有资格给道取字，"字之曰道"；但老子不是道的"父亲"，只能越位而强名了，"强为之名曰大"。这也是为何要强名，而不强字的原因。今本《老子》中的"绳绳兮不可名"，也是同样的道理。楚简《老子》、今本《老子》、汉帛《老子》等均是"字之曰大"，而傅奕本是"强字之曰大"，傅奕本没有忽视了名字学的深意。傅奕本多处对老子原文进行了改动，比如把"王亦大"改为"人亦大"。忽视了只有合道的王（作为圣人的圣王）才能与"道、天、地"同为大。陈鼓应著作中的老子校订文采信了傅奕本"人亦大"，造成以讹传讹。

有的学者把老子本人不想著书，是出关时关令尹喜强迫老子著书（《史记》："强为我著书。"），作为道不可说的证据，仍然缺乏依据。老子不愿意著书，并不等于道不可说，而是因为老子追求无名，"以自隐无名为务"（《史记》）。老子最终写了《老子》一书，有明确的概念对道进行言说，正好说明了道可以说。如果我们一方面说道不可说，一方面又在论道、传道，就会陷入荒诞，形成悖论。

综上，老子之道是可以言说的，认为老子之道不可以言说，是对原文的误解造成的。"道可道非常道"，不是指道不可道，反而明确提出"道，可道"，但真道不是静止的恒常不变的伪道（非"常道"），道是运动的变化的。"道可道非常道"的真义是，道可说，且道变化（道不是恒常不变）。

余　　论

楚简《老子》甲本的"天下之物生于有、生于无"与"有无相生"确立了有无同构的道的内涵。有是道体，无是道用，道是道体之有与道用之无的有机统一，也同时把有无问题与体用问题关联起来。道为体、德为用的道体德用说，在学界也有较大共识，这忽视了道不仅是体，也是用，本原之道与治国之道是有机统一的。楚简《老子》甲本论道不论德，是"有"为体、"无"为用的自洽系统。

老子道学是道体之有和道用之无的有机统一，有无统一于道，但有和无却是对立的，也就是道体和道用并不是一致的，而是相反的。这不同于王弼的"以无为体，以无为用"的体用一源论，王弼把体和用都归为同一要素。老子的体为有，用为无，反而走出了本体与价值一致性的误区，这正是老子超越性的地方。价值不同于本体，这正是哲学的进步之处，所以休谟、康德等人对西方传统哲学本体推导出价值的做法进行质疑，从而认为本体并不能推导出价值。实然（是什么）和应然（应当是什么）是两个不同的领域。刘笑敢在《老子古今》里，在解读今本《老子》第 42 章时，专门提出了问题："道：实然或应然？"① 在解读今本《老子》第 7 章时认为，"实然与应然之一体。"② 忽视了道体和道用的差异性，导致逻辑上的困境，因为实然和应然是相反的。楚简《老子》甲本还在文字的书写上对道体与道用进行了区分，据高华平考究，"（楚简）凡书写者认为属于'天道'概念范围的，就都使用'道'字；凡书写者认为属于'人道'范围的，就都使用'彳人亍'字"③，高华平说的天道实际就是道体，人道就是道用。（李零对楚简《老子》甲本的顺序进行了调整，认为上篇论天道，下篇论治道，治道属于人道。而上篇里都是道，"彳人亍"则都在下篇。高华平与李零形成了互证。）由此看来，老子对道体道用是有分疏的，而不是实然与应然的混用，这也体现出老子逻辑的清晰性。当然，楚简《老子》甲本有道与"彳人亍"的区别，说明有天道与人道的区分传统，具体在传抄过程中，个别地方可能没有严格去对应。

老子之道是可以言说的，老子有概念系统，比如有无等。

---

① 刘笑敢：《老子古今》，中国社会科学出版社，2006 年，第 470 页。

② 刘笑敢：《老子古今》，中国社会科学出版社，2006 年，第 171 页。

③ 高华平：《郭店楚简中的道与"彳人亍"》，《哲学研究》2009 年第 5 期，第 84 页。

认为老子之道不可以言说，是对今本《老子》"道可道非常道"的原文误解造成的。"道可道非常道"，不是指道不可道，反而明确提出"道，可道"，是说真道是可说的，不是静止的恒常不变的伪道（非"常道"），道是变化的。老子推崇变化之道，有"大曰逝""反也者，道之动也"的原文，说明老子的道体观具有生命哲学特色，生命是生生不息的、鲜活灵动的，而不是静止不变的机械。老子之道是可以言说的，打破了道的神秘主义倾向，体现了老子道学的理性色彩。老子主张可道，反对常道，还有可能是针对儒家经学传统。黄开国把经学作为常道，写过论文《经学是以五经为元典阐发常道的学说》①，"孔安国的《尚书序》，其中有《三坟》言大道，《五典》言常道之说"②，"王阳明的《稽山书院尊经阁记》一开始就说：经，常道也"③。《老子》的常道在汉帛《老子》作恒道，而黄开国的论文里正好有一条关于经就是恒道的证据，"刘勰在《文心雕龙》中的说法：经也者，恒久之至道，不刊之鸿教也"④。老子的道不是常道（"非常道"），是对常道的否定，可能正好对儒家经学传统的否定，从而提倡自己的新学

---

① 黄开国：《经学是以五经为元典阐发常道的学说》，《哲学研究》2019 年第 6 期，第 58 页。

② 黄开国：《经学是以五经为元典阐发常道的学说》，《哲学研究》2019 年第 6 期，第 61 页。

③ 黄开国：《经学是以五经为元典阐发常道的学说》，《哲学研究》2019 年第 6 期，第 62 页。

④ 黄开国：《经学是以五经为元典阐发常道的学说》，《哲学研究》2019 年第 6 期，第 63 页。

（新道）。当然，黄开国仅仅是提出经学是常道的观点，还没有注意到与老子常道的关联。

第三节　道恒自然：自然之道

如何克服"道法自然"的诠释困境，以及打通道、自然、无为的关系，是近些年道家学界力求解决的难题。在"道法自然"的诠释里，自然高于或低于道都会影响道的终极性，道与自然只能是同一性关系，作为同一性关系为何要表达为"道法自然"呢？这是本节的问题意识。笔者基于简帛今本《老子》的差异与演变，尝试理解"道法自然"本义，并打通道与自然、无为的关系。

一、楚简《老子》甲本中的天道自然与治道自然及其各本思想演变

关于自然语词，楚简《老子》甲本出现 2 次，乙本出现 0 次，丙本出现 2 次（其中 1 次是甲本的异文），汉帛《老子》甲乙本各出现 5 次，今本《老子》（以王弼本为代表）出现 5 次。汉帛《老子》与今本《老子》关于"自然"的内容基本一致，接下来讨论"自然"思想演变时，主要讨论郭店本与今本《老子》的演变。

郭店本与今本《老子》关于"自然"的原文如下。

楚简《老子》甲本：

人法地，地法天，天法道，道法自然。

是故圣人能辅万物之自然，而弗能为。

楚简《老子》丙本：

而百姓曰我自然也。

是以能辅万物之自然，而弗敢为。

今本《老子》：

人法地，地法天，天法道，道法自然。（第25章）

以辅万物之自然而不敢为。（第64章）

百姓皆谓我自然。（第17章）

道之尊，德之贵，夫莫之命而常自然。（第51章）

希言自然。（第23章）

楚简《老子》甲本不仅时间早于他本，且文本地位也高于他本。周凤五根据楚简《老子》甲本与乙本、丙本竹简形制不同（甲本竹简长度比乙本、丙本长，且甲本两头为梯形，乙本、丙本两头为平行），认为甲本是经，乙本、丙本是传①；

---

① 参见周凤五：《郭店竹简的形式特征及其分类意识》，载《郭店楚简国际学术研讨会论文集》，湖北人民出版社，2000年，第59页。

高华平根据甲本与乙本、丙本的内容和文体特征不同，认为甲本是经，乙本、丙本是解说文。① 周凤五与高华平的一致性，都认为甲本与他本是经与后学的关系。竹简形制不同，通常是不同的书，这在文献学里也是共识。郭店楚简整理专家彭浩曾说："一般来说，用来抄写同一篇文章的竹简长度、形状及契口的高度都是一致的。《说文》云：等，齐简也。多年来发现的出土文献也证实了这一点。"② 李泽厚说："今本《老子》乃不断增改，历经数百年始定形的结果，并非一人一时之作，可解决长期聚讼纷纭的时代、作者等问题。"③

楚简《老子》甲本出现两次自然。"道法自然"是讲天道自然，"是故圣人能辅万物之自然，而弗能为"是讲治道自然。分别讲天道是什么，以及如何治理。"道法自然"的道是终极之道，属于天道范畴；"是故圣人能辅万物之自然，而弗能为"是讨论执政者与民的关系，属于治道范畴。晚于甲本的乙本，没有出现自然原文，但整篇是对治道自然的拓展。晚于甲本、乙本的丙本增加了"而百姓曰我自然也"，是讲治道自然，是对甲本"是故圣人能辅万物之自然，而弗能为"的进一步拓展：具体论述什么样的治理做到了"能辅万物之自

① 参见高华平：《对郭店楚简〈老子〉的再认识》，《江汉论坛》2016年第 4 期，第 93 页。

② 参见艾兰：《郭店老子：东西方学者的对话》，学苑出版社，2002年，第 36 页。

③ 李泽厚：《初读郭店竹简印象记》，载《道家文化研究》第 17 辑，生活·读书·新知三联书店，1999 年，第 420 页。

然"，给出的理想形态是"大上，下知有知"。（同时，政治合法性评价权在百姓，百姓认为"我自然"而未被执政者干预为有道的治理。）今本《老子》增加了两次"自然"："道之尊，德之贵，夫莫之命而常自然"（今本《老子》第51章）是对天道自然的拓展，"希言自然"（今本《老子》第23章）是对治道自然的拓展。

楚简《老子》丙本的"而百姓曰我自然也"所在章节被竹简整理小组编连在了丙本的首章位置，应不是巧合。该章提出"大上，下知有之"的最佳政治理想，执政者不干预民而民自然。社会无道的根源在统治者，"法物滋章，盗贼多有"，"绝巧弃利，盗贼无有"，今本《老子》第3章有"不贵难得之货，使民不为盗"。民是否为盗，取决于统治者无道还是有道。丙本还把"大上，下知有之"与"故大道废安，有仁义"作为同一章，"故大道废"以"故"字承接前文内容。（在汉简里，"大上，下知有之"与"故大道废"也是作为同一章，"大道废"前也有一个"故"字。汉简分章优于今本《老子》，今本《老子》还把"谷神不死"与"天长地久"作为两章，而"谷神不死"的内容据《列子·天瑞篇》出自《黄帝书》，出于外书的内容独立成章不妥，而汉简《老子》"谷神不死"与"天长地久"作为同一章，可以理解为上半段为引用，下半段为原文；且"不死"与"长久"相应，且上半段以"天地之根"结尾与下半段"天长地久"衔接。）丙本里分出了四种治国层次，从高到低是"下知有之""亲而誉之""畏之"

99

"侮之"。作为"太上"之最高层次，属于法天道自然而治道自然："而百姓曰我自然也。"不去法天道自然而治理，也就下降为"其次"的层面，"其次"层面就是仁义治国等，后文进而提"故大道废安，有仁义"。

楚简《老子》丙本的"是以能辅万物之自然，而弗敢为"与甲本的"是故圣人能辅万物之自然，而弗能为"有所不同。（丙本里少了主语圣人，这可以理解为主语的省略，本句是接前一句"是以圣人欲不欲"，前一句已经有主语圣人。）丙本把甲本的"弗能为"改为"弗敢为"，虽一字之差，却有较大的义理差异。刘笑敢认为甲本是最好的版本，"总之，虽然竹简甲本和今本《老子》的区别不是很大，但是竹简甲本的文字更明确说明圣人'辅万物之自然，而弗能为'是主动的、自发的，不是被迫的，这更符合老子以自然为最高价值的基本思想。然而'无为'也是为了实现自然的秩序而主动采取的姿态，并不是'不敢'行动的托词"[1]，从圣人主动与被动角度做的文本优劣价值判断。也可以放下文本优劣之价值判断，从事实判断角度理解丙本为何要改为"弗敢为"。如果结合历史处境看就不难理解，甲本是战国中期的文本，而丙本是接近战国晚期的作品，丙本所处的时代社会更加纷乱，从"弗能为"改为"弗敢为"应体现出作者对统治者收敛权力敬畏天道的迫切期待。同一章内容里甲本与丙本的不同，并非是因为

---

① 刘笑敢：《老子古今》，中国社会科学出版社，2006 年，第 650 页。

他们有不同的祖本，而是因为义理随时间不同、历史处境不同而产生的历时性演变。

今本《老子》里增加的"道之尊，德之贵，夫莫之命而常自然"同样属于天道自然，是进一步明确"道法自然"即道"常自然"，是道的本体性，是先在的，不支配万物（"夫莫之命"），不强加意志于万物。关于"道法自然"即道"常自然"（汉帛《老子》作"恒自然"），后文还有详细论述，先不具体展开。

今本《老子》里增加的"希言自然"属于治道自然，这是对"是故圣人能辅万物之自然而弗能为"的具体展开。罗祥相也认为"'希言自然'，是无为的'圣人'之自然"①。有的学者注意到，"希言自然"一章里，举天地飘风骤雨例子而言"天地尚不久，而况于人乎"，也说明"希言自然"是针对人。"希言自然"针对特定对象——统治者，理想的统治者圣人做到了这一点："是以圣人处无为之事，行不言之教。"老子反对统治者垄断道德的制定与判断标准，并对民灌输道德教化，这样的道德必然成为统治工具，道德应还给民间。但在今本《老子》里还有"非以明民，将以愚之""使民无知无欲""使民复结绳而用之"等有争议的内容（有的认为富有"愚民"色彩），而楚简《老子》里正好没有，可以理解为后学或秦汉统治者置入。

---

① 罗祥相：《论老子"自然"思想的逻辑展开》，《哲学研究》2020年第2期，第47页。

楚简《老子》甲本由五组竹简构成，有两个分篇符号，分为上下篇。当时的整理小组专家是临时拼接的，没有注意到上下篇的内在关联。李零根据分篇符号以及思想义理对五组竹简重新进行了拼联，重新拼联的顺序更有结构秩序。李零认为，上篇主要论天道，下篇主要论治道。① 而"人法地，地法天，天法道，道法自然"一句出自上篇（且为首章），这里的"道法自然"是言天道；"是故圣人能辅万物之自然，而弗能为"出自下篇，正好也属于治道范畴。

刘笑敢对自然曾分出四个层次，"老子之自然具有最高、整体、价值和自觉四个意义"②；罗祥相则认为"老子的'自然'存在着'四种主体，五个层级'"③。但从根本上看，是天道自然与治道自然两类。而且天道自然与治道自然也就是体用关系，天道自然是治道自然的依据，而治道自然是天道自然的展开。有的学者还把万物自然与百姓自然分为两个层次，把万物扩展到百姓以外的动植物，是一大误解。物有时也指人，这在文字学上有依据，在今本《老子》文本里，"物或恶之"的物就是指人；老子既说"民自化"，也说"万物将自化"，且讲"万物将自化"时是与"侯王"对举，显然万物是人的范

---

① 参见李零：《郭店楚简校读记》，中国人民大学出版社，2007年，第3—4页。

② 刘笑敢：《关于老子之自然的体系义》，载《宗教与哲学》第6辑，社会科学文献出版社，2017年，第104页。

③ 罗祥相：《论老子"自然"思想的逻辑展开》，《哲学研究》2020年第2期，第47页。

畴，而不包括动植物等。今本《老子》第51章里有"万物莫不尊道而贵德"，显然这里的万物也是指人，动植物无所谓"尊道贵德"。王博曾在一个题为《无的发现：从政治世界到天下万物》的学术讲座中提到，万物就是我们，而不是我们之外的存在物。楚简《老子》甲本、乙本没有出现"百姓"一词，较晚的丙本才出现（"而百姓曰我自然也"），这时的百姓不是春秋早期的百官，而是民。为何有时用百姓自然，有时用万物自然，这是万物包括百姓之外的人，比如贵族。"圣人能辅万物之自然"是讲君王与天下人的关系，"而百姓皆曰我自然也"是讲君王与民的关系。今本《老子》的五处自然，其实已经包含在楚简《老子》甲本的两个层次的自然里。有的学者把"道法自然"中的天道自然强行等同于万物之自然，从而认为自然不属于道，是不当的，比如王博提"无为显然是道和圣人或侯王的性质，自然的主语是万物或者百姓"①。

二、"道法自然"即道"恒自然"

"道法自然"里的道是终极之道，具有本原地位。"道法自然"所在的章节在楚简《老子》里处于开篇地位（参见李零重新编排的顺序），首先交代了什么是道："有状混成，先天地生，悦穆，独立不改，可以为天下母，未知其名，字之曰道。""先天地生"确立了道的本原地位，道比天地更根本，

① 王博：《权力的自我节制：对老子哲学的一种解读》，《哲学研究》2010 年第 6 期，第 49 页。

天地的层级处于道之下。王中江把"道法自然"理解为"道遵循或顺应万物的自己如此"①，间接动摇了道的终极地位；曹峰也有类似观点，"道法自然的含义，当理解为道以实现万物的自然为法则"②。罗安宪进行了反驳，"道本来就自然，万物本来也自然。道的自然是道的自然，万物的自然是万物的自然"③。儒家传统里天最本原，"先天地生"还是对儒家天的地位的超越，以道代天是为了重新塑造话语模式，告别"天学"开辟"道学"，道在老子这里成为一个全新的哲学概念。道作为本原，今本《老子》进一步进行了抽象化表达："道生一，一生二，二生三，三生万物"（今本《老子》第42章），"道生万物"也就成为老子本原论的标志性表述，《文子·自然篇》明确使用了"道生万物"的命题表达。楚简《老子》甲本开篇先"定义"什么是道，符合叙述常理。今本《老子》以"道可道，非常道"开篇显得有些突然，但能看出今本《老子》进一步提升了道论的抽象性。

理解道作为终极，对"道法自然"命题中的道与自然的关系的理解就不会有太多瓶颈。道已经是终极，自然则不能作为终极，同时也不能把道之自然下降为"万物之自然"，"辅

---

① 王中江：《道与事物的自然：老子"道法自然"实义考论》，《哲学研究》2010年第8期，第42页。

② 曹峰：《从因循自然之性到道性自然——"自然"成为哲学范畴的演变过程》，《哲学研究》2010年第8期，第42页。

③ 罗安宪：《论"自然"的两层排斥性意涵》，《哲学研究》2019年第2期，第71页。

万物之自然"作为治道自然只不过是法"道之自然"的结果。
"道法自然"里，道与自然应在同一层面出现，类似于神学里
"上帝"与"自在永在"的关系，两者是同一的。道作为终
极，当然无所法，河上公注释为"道性自然，无所法也"也
是合理的。河上公从"道性"角度诠释，且明确"道性自
然"，得"道法自然"的深意。罗安宪也提说道，"道法自然，
是道以自然为法，道本来只是自然，道法自然实际即是道性自
然"①，"道的本性就是自然"②。但河上公还未解决为何"道性
自然"可以写作"道法自然"。人文属于人的领域，不是"先
天地生"，而是"后天地生"，道作为终极不可能作为人文自
然，所以刘笑敢的"人文自然"③ 在"道法自然"一句的诠释
里是有障碍的，"人文自然"只在治道领域有效。

自然作为本来状态，也就是本然。"人法地，地法天，天
法道，道法自然"，即人以地为法，地以天为法，天以道为法，
道以自己的本来状态（本然）为法，即道无所法。通常的疑
问是，道既然无所法，为何不写作道自然，而写作道法自然
呢？这在句式与修辞需要里其实不是问题，比如在神学里，人
由上帝创造，上帝由自己创造。上帝由自己创造，即上帝不需

<hr>

① 罗安宪：《论"自然"的两层排斥性意涵》，《哲学研究》2019 年第
2 期，第 71 页。

② 罗安宪：《论老子哲学中的"自然"》，《学术月刊》2016 年第 10
期，第 40 页。

③ 参见刘笑敢：《老子古今》，中国社会科学出版社，2006 年，第
72 页。

要他者创造，之所以表达为上帝由自己创造，仅仅是一种句式与修辞需要，是为了与前面的句式统一。从修辞上表达为"人法地，地法天，天法道，道法自然"，句式统一，读起来朗朗上口。从义理上则是：人法地，地法天，天法道，道自然。今本《老子》增加的天道自然："道之尊，德之贵，夫莫之命而常自然"，这里的"常自然"也就是道"常自然"，汉帛《老子》是"恒自然"，亦即道"恒自然"。（从"恒自然"到"常自然"系避讳刘恒帝所致，汉帛《老子》的"道可道也非恒道也"在今本《老子》里变成了"道可道非常道"。）"道法自然"即道"恒自然"（"常自然"）还能找到文字学的依据，在《尔雅·释诂》里，法、恒、常是邻列作为同义词，三者义通。"夫莫之命而常自然"，是针对"道之尊，德之贵"而言，也就是针对道而言，"道之尊"是言道；"德之贵"的德是玄德，也是言道（玄德指向道）。该章结尾"生而不有，为而不恃，长而不宰，是谓玄德"，这里的玄德显然就是指道，道不主宰万物。今本《老子》第34章进一步证实不主宰万物之玄德就是道，"大道泛兮……衣养万物而不为主"。"夫莫之命而常自然"，突出了道之自然的根本特征，道不发动意志，不干预万物。河上公注："道一不命召万物而常自然"，也深得其意。汉帛《老子》是"夫莫之爵"，与"夫莫之命"含义一致，即道无爵位（名位），同样意指不发动权力意志支配万物。"恒自然"的恒意为恒常不变，表示稳定的属性，道恒常不变的稳定属性就是自然。道"恒自然"即道的本质属性是保持本然状态，不对万物进行支配。

在"人法地，地法天，天法道，道法自然"表达式里，人不只是法地，整句还蕴含着人法天、人法道、人法自然。"人法地"，而"地法天"，当然人也法天。人法天，而"天法道"，当然人也法道。人法道，而"道法自然"（道"恒自然"），当然人也法自然。人法地法天，在今本《老子》里有多处原文，比如"天地不仁，以万物为刍狗；圣人不仁，以百姓为刍狗"。天地不仁而人要不仁，王弼注释为"圣人与天地合其德，以百姓为刍狗也"（《王弼老子注》）。《文子·自然篇》也有人法天地的思想，"静而法天地"，"故能法天者"。人法道其实是老子的重要思想，"道恒无为也"而"圣人处无为之事"，"（道）可以为天下母"而人"贵食母"，"天下有始（道），以为天下母……既知其子，复守其母"。人法自然，也就是人守住自身的本然状态："含德之厚者，比于赤子"，今本《老子》还有"复归于婴儿""复归于朴"的原文。人法天道属于"以天为则"的思维方式。"以天为则"也是整个中国文化的思维方式，《论语·泰伯篇》里有"唯天唯大，唯尧则之"；《文子·符言篇》里有"从天之则"；《鹖冠子》里有天则篇，提"天之则也"。老子的"以天为则"，主要是以道为则（人法道）。除了"以天为则"，老子还有"以史为鉴"的思维方式，比如提"古之善为道者"，今本《老子》有"执古之道，以御今之有"，"能知古始，是谓道纪"。对现实的体察也是"以史为鉴"的一部分，比如老子看到当时诸侯争霸的无道争斗与战争，于是提"以无事为天下"，"夫唯不争，故天下莫能与之争"。《汉书·艺文志》评道家，提到道家出自史官，且提历记古今之道："道家者流，盖出于史官。历记成败、存亡、祸福、古今之道。"老子看到儒家传统礼乐文明的异化，对儒家的批评也是"以史为鉴"的内容。

过于强调自然，会导致反对一切人为，而文明都是人为的。老子对此也是有注意的，因而老子进一步讲知止，既不能极端地走向自然主义，也不能极端地走向文明主义。① 老学批判儒家传统之仁义礼，也是通过回望"自然"对文明进行反思，最终通过"知止"原则在自然与文明之间找到适中的临界点。许抗生在《当代新道家》一书中写道："老子提出了对治和克服中华礼义文明危机的思想。"② 老子的自然与文明相

---

① 文明主义在易学与儒学里都有警惕，《易传》有"文明以止，人文也"，《大学》有"止于至善；知止而后能定……"知止也是老子学说的重要思想之一，一共出现两次，且郭店本、汉帛《老子》、今本《老子》皆出现了两次。一次是在身与名/货之间提出"知止不殆"（"名与身孰亲？身与货孰多？"汉简《老子》优化了排序："身与名孰亲？身与货孰多？"），内在生命与外在名利的主次平衡，这是老子的生命观。当然贵身，不只是修身，也是治国，这就是老子的身国同构思想："贵以身为天下，若可寄天下；爱以身为天下，若可托天下。"为何贵身/爱身于天下，可以寄托天下？这是因为贵身爱身，意味着不是贵名货，侯王贵名货则会发端权力意志，侵害百姓，与民争利。生命自身是目的，生命不是他者的手段，因而生命也不是政治工具。另一次是在"道常无名"与"始制有名"之间提出"知止所以不殆"，自然与文明的平衡，这是老子的文明观。知止的理念逐步被学人重视：钱逊曾编过大学中庸读本《明德知止》；强昱出版过专著《知止与照旷》（庄学通幽）；"中国社会科学院中青年学者为骨干"的知止中外经典读书会长期举办高质量的中外经典讲座。

② 许抗生：《当代新道家》，社会科学文献出版社，2013年，第24页。

对，以回望自然的方式达到克制文明异化。回望自然（"复归于朴"），是基于文明的反思，而不是复古主义与反文明。"复结绳而用之"在楚简《老子》里未出现，这类内容应为后学增加，把自然推向了极端，这会导致反智主义。回望自然时，其实有了应然性，这时的自然具有价值性。王博也认为："'自然'应该从存在与价值两个方面进行理解。"① 林光华认为："道的自然是无待的，人的自然是有待的，前者是实然概念，后者是应然概念。"②

三、"道法自然"（道"恒自然"）与"道恒无为"的关系

今本《老子》"道常无为而无不为"（今本《老子》第37章）在楚简《老子》里作"道恒无为也"，汉简《老子》也作"道恒无为"（只是少一个虚词"也"）。"道法自然"（道"恒自然"）是从肯定性角度言说道的本质，"道恒无为"是从否定性角度言说道的本质，两者是同一的。自然也就是本然状态，道的本然状态意味着不发动意志支配万物（"夫莫之命而常自然"），而无为正是不发动意志。为的甲骨文是"爪象"，意为驯化大象，引申为人把自己的意志强加在大象身上，无为即不强制。

道是自然的，道不支配万物。圣人法道，则圣人不支配万

---

① 王博：《然与自然：道家"自然"观念的再研究》，《哲学研究》2018 年第 10 期，第 54 页。

② 林光华：《无待自然与有待自然——〈老子〉之"自然"及其当代意义》，《人文杂志》2017 年第 7 期，第 1 页。

物（百姓），这同样也就在法道之无为。"道恒无为"与"圣人无为"是天道无为与治道无为的关系。"圣人能辅万物之自然，而弗能为"里，自然与无为也是同一的，仅仅是从肯定性（"能辅万物之自然"）与否定性（"而弗能为"）之分。且"圣人能辅万物之自然，而弗能为"这一句的原文在楚简《老子》甲本所处的章节也明确是讲无为的，这一章开头便是"为之者败之，执之者远之；是以圣人无为故无败，无执故无失"。从"为之者败之……无为故无败"来看，无为意味着"弗能为"，而老子说"是故圣人能辅万物之自然，而弗能为"，《庄子·缮性篇》有"莫之为而常自然"，无为（"莫之为"）就是自然。由此可见，无为即"辅万物之自然"。郑开也说道："'辅万物之自然'之后紧接着的一句是'而不敢为也'（今本《老子》），似乎也表明了自然与无为两个概念的匹配性。"[①] 还进一步说，"从老子开始，自然和无为两个概念呈现了很强的相关性。"[②] 一般提到老子，就会联想到自然、无为。道不干预万物，圣人法道亦不干预万物，"是以圣人之言曰：我无事而民自富，我无为而民自化"。今本《老子》把"其安易持"与"为者败之"的内容合成一章，应为后学混淆。有学者考据，在《韩非子·喻老》里，也是当作两章的内容对待。在楚简《老子》、汉简《老子》里，"其安易持"

① 郑开：《道家的自然概念——从自然与无的关系角度分析》，《哲学动态》2019 年第 2 期，第 51 页。
② 郑开：《道家的自然概念——从自然与无的关系角度分析》，《哲学动态》2019 年第 2 期，第 51 页。

与"为之者败之"也是两章。"为之者败之"（以及今本《老子》里提"民之难治，以其上之有为"），说明无为之治是对有为之治的克制。犹如郑开所说："《老子》针对的是有为，即诉诸无为来反思和批判有为，对社会、伦理、政治、文明和国家等予以辩证法的否定，用无（为）解构被认为天经地义、不可置疑的价值。"① 自然是最高法则（道之法则），无为是把这种法则体现在侯王与民的关系之中，即侯王顺自然而不干预民，这是"推天道明以人事"的思维方式。

自然与无为是同一的，仅仅是肯定性与否定性之分，所以无为同样是老子的核心理念。《史记·太史公自序》评道家时开头一句便是："道家无为，又曰无不为。"文史学者瀛生曾点评明刊《老子》时写道："老子所言者，皆无为而治者，乃本然之理也。"（郭四维编次、李迎恩校梓明刊《老子》点校本）瀛生的点评也很高明，把无为而治与本然之理作同一性对待，本然即自然。今本《老子》出现了 13 次无为，楚简《老子》甲本里，有 5 章提到无为，且 4 章顺序是相连的（"无为故无败"章是论述无为的作用以及与自然的关系，"道恒无为也"章是论述无为作为道之原则，"为无为……是以圣人犹难之"章是明确无为的理想主体是圣人，"圣人处无为之事"章是论述圣人无为的具体内容）。楚简《老子》"道恒无为也"（汉简《老子》也是"道恒无为"）在今本《老子》里变成了

① 郑开：《道家的自然概念——从自然与无的关系角度分析》，《哲学动态》2019 年第 2 期，第 54 页。

"道常无为而无不为"，多出了"无不为"，这应如刘笑敢所说，这是对无为的强调，"有利于突显'无为'的概念"。①"无为而无不为"和今本《老子》第3章"为无为则无不治"含义一致。

"道恒无为"还具体表现为"道恒无名"，道是自然的，超越名位。落地在治道中，老子反对等级名位之治，主张朴治（"道恒无名朴"）。楚简《老子》"绝智弃卞"章里，弃绝智卞、伪（化）虑、巧利之治，而推崇朴治："视素保朴"。在治理上这是王弼所说的"崇本而息末"，"镇之素朴，则无为而自化"（《王弼老子注》）。朴（相对于伪）是道之自然的具体落地，道无名位（"道恒无名朴"），道不分高低贵贱，这是对儒家传统正名思想的解构，体现出老子的平等价值：天道面前人人平等。老子强调朴治，与当时诸侯争霸的武力治理之历史处境有关；另外是对"礼乐文明危机的反思"。

余　论

老子把一切无道的根源归为执政者尤其是侯王，这是由当时的精英政治结构所决定的。老子寄托于政治精英的觉悟，自觉顺应天道自然而削弱权力，期待"以无事取天下"止争诸侯争霸，但这只是一种建议与劝诫，最终是后来的秦王采取法家方案，武力统一天下，中央高度集权的秦制（专制集权）

① 刘笑敢：《老子古今》，中国社会科学出版社，2006年，第55页。

影响了中国两千多年。老子的方案虽然没有落地，但其和平理念、执政者不强制民的民本理念是超越时代的。当然，从现代制度来看，约束执政者权力不能只寄托于道德自觉——"权力的自我节制"① 是不够的，需要有法治外力限制，把权力关在笼子里。如果权力没有真正约束起来，同时又把老子说给执政者的话当作全民遵守的智慧，则会被统治者利用（比如"柔弱""不争"。"柔弱"是说侯王要柔治，"不争"是说侯王不要争霸），走不出"上有申韩，下有佛老""上诈而下愚"的死胡同。

无为作为"能辅万物之自然"，符合天道自然，不改变万物/百姓的本来状态，这在今天看来无为有自由色彩。老子充分尊重民的自主性，构建的理想社会是民自发自主的社会："是以圣人之言曰：我无事而民自富，我无为而民自化，我好静而民自正，我欲不欲而民自朴。"刘笑敢曾说，"自化、自正、自富、自朴，都是没有外力干预的自发的情况，是百姓对自然自足的生活憧憬和歌颂，是对无为而治的最好描述。"②

老子在政治学说里反复强调无为，主张不干预民，从而使得民自主、自由，这是通过善政的方式保证个体的自由。良善的社会最终是为了成全个体生命，集体的合法性在于更好地促进个体发展，所以老子政治学说同样是生命的道学。

---

① 参见王博：《权力的自我节制：对老子哲学的一种解读》，《哲学研究》2010 年第 6 期，第 45 页。

② 刘笑敢：《试论老子哲学的中心价值》，《中州学刊》1995 年第 2 期，第 70 页。

第三章　简帛时代的老子其人其书研究

第一节　老子其人其书研究之检讨

传统学术世界里，通常认为老学早于孔学，且老子一人一时著书五千言。在具有现代学术精神的古史辨疑古学派里，诸多学者开始举证怀疑传统观念。近几十年来，多位学者呼吁"走出疑古"，重新认同传统学术对老子其人其书的判断。对疑古过勇的反思是有必要的，但简单"走出疑古"出现了诸多需要检讨的地方。尤其是简帛《老子》的出土，进一步验证了疑古学派中一些学者对老子其人其书问题的研究方法与研究结论，科学性（客观性）作为古史辨精神的遗产仍然需要认真继承与发展。有的学者根据银雀山汉简有《孙子兵法》和《孙膑兵法》两本兵书，推翻顾颉刚的说法。乔治忠刊文指出，文字和竹简都一致的情况下，整理者强制分成两本兵书，不符合规范。（相反，兵书只有一个题签。）笔者在古史辨方法基础上结合新材料（出土简帛文献等）进行老子其人其书的再考证。

老子思想的深入研究，无法回避两个根本性问题。一个是老学与孔学的关系，谁先谁后的问题；一个是《老子》文本成书问题，它是一人一时之作，还是多人跨时完成的学派著作。第一个问题涉及老学是否批判孔学，第二个问题涉及《文本》内部分疏，它是一个静态的文本，还是文本内部有多种思想的流变走向。对《老子》文本采取静态的打包研究，还是采取历时性的流变研究，是截然不同的。基于此，有必要结合简帛出土文献及其研究成果，对老子其人其书进行考据上的一个回应与检讨。

一、对"老学在前、孔学在后"的观点之检讨

老子其人主要涉及老学与孔学的先后问题，也就是中国思想史的秩序问题，这无法绕过去。作为现代学术标志的民国古史辨学派，出现了两种思想史秩序。胡适主张老学早出论，中国哲学史从老子写起；冯友兰主张老学晚出论，中国哲学史从孔子写起。

20 世纪八九十年代以及 21 世纪初，老学早出论再次被突出，以陈鼓应、刘笑敢等为代表。不过海外汉学界，仍然以老学晚出论为主流。笔者倾向于老学晚出论，即使依据于早出论提供的史料，也是孔子先讲学，老子后著书。孔老即使同时代，但孔子讲学甚早，老子著书较晚，老子是晚年出关时才著

115

书，孔子不是等老子著书后才讲学。（孔学是以孔子讲学内容为准，老学是以老子著书为准，因为史料没有记载老子系统讲学。）另有三个方面的证据可以证明老学晚出论。一是民国古史辨学派关于孔老关系的辩论里，梁启超、冯友兰、钱穆、顾颉刚等从不同角度列出了大量的老学晚出论证据，胡适虽然回应了部分证据，但最后不得不提出"展缓判决"①，放弃进一步论辩。二是简帛文献的出土，进一步验证了五千言晚出论的一些观点。比如郭沂注意到：梁启超提出的晚出证据大都不在楚简《老子》里，说明五千言是历时性完成，成书晚于楚简《老子》。《西周史》《军事史》等史学著作则注意到，《老子》原文"三十辐共一毂"不是春秋车的状貌，春秋车只有二十五辐）；而楚简《老子》是战国中期偏晚的传抄本，还不能得出楚简《老子》的内容一定在春秋，更不能得出老学早出于孔学（孔子是在春秋讲学），陈鼓应用楚简《老子》质疑老子晚出论，"简本的出土，推翻了《老子》成书晚出说"②，陈鼓应的说法是难以成立的。三是 20 世纪八九十年代与 21 世纪初学者重新突出老学早出论，但缺乏证据或研究方法上有些问题。下面对相关问题进行驳论。

1. 通过《史记·老子列传》能得出老学早出吗？陈鼓应根据《史记·老子列传》里三个老子有主次，肯定性记载的

① 罗根泽（编著）：《古史辨》（第四册、第六册），海南出版社，2015 年，第 276 页。
② 陈鼓应：《老庄新论》，商务印书馆，2008 年，第 79 页。

是老聃①；并根据孔子问礼于老子②，证老学在孔学之前。需要注意的是，老子是孔子问礼的那位老聃，只能证明孔老同时，不能证明老学在前。相反，孔子讲学在先，而《史记》恰恰记载老子著书是在出关时，老子著书是比较晚的。另外，《史记·老子列传》里又记载了老子对孔子问古礼的批评，"孔子适周，将问礼于老子。老子曰：子所言者，其人与骨皆已朽矣。"孔子问礼，老子对礼进行了批评，认为那是陈旧的事物，是对孔子恢复旧礼的否定，同时也说明老子不是复古主义，而是与时偕行。在《老子》里还有"夫礼者，忠信之薄而乱之首"（今本《老子》第38章）的表述。老子批判孔子，在学理逻辑上，也是孔学在前。有的人提出，老子批判仁义礼智，未必针对孔学，孔学之前也有仁义礼智，但要注意到孔学之前的仁义礼智等是散漫的，孔学进行了系统性讲解，而老子又对仁义礼智等进行了结构性批判，"失道而后德，失德而后仁，失仁而后礼"（今本《老子》第38章）、"大道废，有仁义"（今本《老子》第18章）、"故以智治国，国之贼"（今本《老子》第65章），这说明老学是通过破孔学而立自己的学说，汉帛《老子》德经在前，以"失道而后德，失德而后仁，失仁而后礼"一章开篇，也是以批判孔学出场。另有学者认为，仁学由孔子建构，孔子之前的仁未必在孔子之前，所谓孔

---

① 参见陈鼓应：《老庄新论》，商务印书馆，2008年，第66页。
② 陈鼓应：《老庄新论》，商务印书馆，2008年，第20页。

子之前的文献实际成书在孔子之后。

2. 老子与孔子有相同的词句，能得出老学在前吗？胡适以孔子提无为得出孔子受到老子影响而老学在前，后来论辩对手又反着说，认为老子提无为是受到孔子影响，胡适后来做出了反思，认为孔老词句的相同不能得出一定谁影响了谁，"同样的用孔子说'无为'和老子说'无为'相比较，可以证老子在孔子之前，也可以证《老子》的作者在三百年后承袭孔子！所以我说这种所谓'思想线索'的论证法是一把两面锋的剑，可以两边割的"①。但遗憾的是陈鼓应仍然采用同样的方法证老学在前，"《论语》这样推崇'无为而治'，可见在这个观念上孔子所受老子的影响"②，陈鼓应忽视了其实《诗经》里就有多处无为的原文。陈鼓应还认为《论语》的"以德报怨"出自今本《老子》第 63 章。这一条是《论语》记载孔子曾引用《老子》话的铁证"③，陈鼓应的说法沿袭张岱年，后来李学勤沿袭陈鼓应说法④。都忽视了胡适在《古史辨》里的反思，同时忽视了其实"以德报怨"或"报怨以德"都不是老子或孔子首创，也有学者对陈鼓应提出了质疑，"'以德报怨'已是春秋时人的一种共同观念，北起周室，南起吴越，莫

①　罗根泽（编著）:《古史辨》（第四册、第六册），海南出版社，2015 年，第 265 页。

②　陈鼓应:《老庄新论》，商务印书馆，2008 年，第 28 页。

③　陈鼓应:《老庄新论》，商务印书馆，2008 年，第 28 页。

④　参见李学勤:《古文献论丛》，中国人民大学出版社，2009 年，第 112 页。

不已然"①。其实，"报怨以德"老子未必说过，早在姚鼐时就提出"报怨以德"与前后文不符，应为后学注混入，而出土的楚简《老子》正好有同章而无同句，地下文献与地上考据吻合了。

陈鼓应还用《墨子》与《老子》的相同词句证老学在《墨子》前。列举的 10 处原文里，其实只有一句和老子基本相同，《墨子》里有"功成名遂"，《老子》里有"功成事遂"。② 同样也可能是《老子》出自《墨子》，或共同出自更早的经典。

3. 通过老子文本与《诗经》《楚辞》文本比较能得出老学早出吗？刘笑敢通过《老子》与《诗经》《楚辞》的文风比较（用韵、修辞、句式等），认为《老子》接近《春秋》风格，不接近《楚辞》风格，这一比较是用心的，也是有意义的，但由此而得出《老子》在《楚辞》之前，且《老子》可能就在春秋，在方法上是有问题的。刘笑敢说："因而《老子》与《诗经》的多方面的相似性说明《老子》完全可能是春秋末年《诗经》时代遗风的产物，而不可能是战国中期《楚辞》时代的作品"③，"《老子》应该是在《诗经》时代影响下的作品，具体说来也就是春秋末年"④。如果《老子》文风接近《诗

---

① 杨兆贵等：《老学早于孔子说商榷》，《管子学刊》2015 年第 3 期，第 110 页。

② 陈鼓应：《老庄新论》，商务印书馆，2008 年，第 72—76 页。

③ 刘笑敢：《老子——年代新考与思想新诠》，东大图书公司，2015 年，第 13 页。

④ 刘笑敢：《老子——年代新考与思想新诠》，东大图书公司，2015 年，第 50 页。

经》，而不接近《楚辞》，同样也可以《老子》在楚辞之后。一是，《老子》在楚辞之后也可以不吸收《楚辞》风格，比如战国晚期诸多著作都有《楚辞》风格吗？（今人写古体诗而不写今体诗的诗人，不能得出他的作品年代在古代）；二是，即使《老子》接近《楚辞》风格，也不能必然得出孰先孰后，也可以是《楚辞》受到《老子》影响；三是，就即使假设《老子》在春秋末年，同样无法必然得出在孔学之前，孔学也在春秋末年。成祖明认为，《诗经》属于情感文学，《老子》属于智慧文学，智慧文学大大晚于情感文学。①

二、对"老子一人一时著书五千言"的观点之检讨

在文献学里，整个诸子书都是流变而成，且为学派著作，这些都是基本共识。余嘉锡认为"秦汉诸子即后世之文集"，吕思勉也认为"然则某子之标题，本不过表明学派之词，不谓书即其人所著"。李泽厚、熊铁基、高华平、郭沂、池田知久等都从不同角度论述过"五千言非一人一时之作"。李泽厚如此评价《老子》文本性质："竹简所录当为古本……今本《老子》乃不断增改，历经数百年始定形的结果，并非一人一时之作，可解决长期聚讼纷纭的时代、作者等问题。"② 熊铁基说道："汉代曾经对先秦典籍进行了较为全面的改造，其中，对《老

---

① 成祖明：《老子的历史性与〈老子〉文本的现代性研究》，2020 年 10 月 25 日在西安外事学院老子学院大道论坛上的发言。

② 李泽厚：《初读郭店竹简印象纪要》，载《道家文化研究》第 17 辑，生活·读书·新知三联书店，1999 年，第 420 页。

子》一书的改造就很典型。"① 但不少学者还坚持"老子一人一时著书五千言"的说法。下面对常见的一些误解进行驳论。

1. 通过《史记·老子列传》"老子言道德之意五千言",能得出老子一人一时著书五千言吗？陈鼓应说道："司马迁在《史记》中明确指出老子原为史官,到了晚年从史官退隐时,写了《老子》上下篇,内容是言道、德之意,字数是五千言,这与现在今本《老子》的《老子》是一致的,也与马王堆出土的《老子》甲乙本相符。"② 著书上下篇,言道德之意五千言,与晚出的汉帛《老子》与今本《老子》相符合,并不能得出老子一定写了上下篇的五千言。司马迁是汉代的,而春秋战国文献里没有记载老子著书五千言,司马迁突然提及,只能是来自传说或汉代《老子》面貌。楚简《老子》作为战国中期偏晚的传抄本,篇幅、结构、内容就与今本《老子》差异很大,楚简《老子》、汉帛《老子》、今本《老子》等多本之间的历时性差异,进一步确认《老子》文本具有流变性。犹如丁四新所言："根据《老子》的出土诸本与其传世诸本的对照来看,从先秦到刘向定编之前,至少有一部分子书文本实际上一直是在不断发展和变化的。并且,还可以发现,这些文本抄写的相距时间愈近则其差异性愈小,愈远则其差异性愈大。"③ 高华平通过战国文献对《老子》的引文进行考察,认

---

① 熊铁基:《从〈老子〉到〈道德经〉》,《光明日报》2007 年 6 月 1 日。
② 陈鼓应:《老庄新论》,商务印书馆,2008 年,第 66 页。
③ 丁四新:《早期〈老子〉、〈周易〉"文本"的演变及其与"思想"之相互作用》,《中国社会科学》2013 年第 2 期,第 129 页。

为战国时期还不具备五千言的规模，"今本《老子》的最后定型，应该是在秦始皇统一中国之后"①。

2. 通过楚简《老子》甲乙丙三本形制、字体、用字不同，能得出楚简《老子》是摘抄本吗？陈鼓应说道："简本《老子》之所以为节抄本，究其原因不在乎有二：一是由于竹简繁重，书写工具不易，全本不易流传；二是抄写者根据自己的构思和意图来进行摘抄。"② 陈鼓应的讲法，是借余嘉锡接着讲，余嘉锡讲到古书有某种需要只抄取有一篇的现象。但并不能必然得出楚简《老子》三本系摘抄。余嘉锡同时还讲过"秦汉诸子即后世文集"，包括今本《老子》也是学派著作，在战国中期时不具有五千言规模也就属于正常。如果甲乙丙摘抄自同一文本，而甲乙丙三本的内容反映出的年代又有差异，显然不符合常理。甲乙丙有时间差异，且竹简形制、思想内容有差异，反而体现了文本发展的历时性，证明三本不是同一个作者，后来才作为同一学派合并进五千言。彭浩："一般来说，用于抄写同一篇文章的竹简长度、形状及契口的高度都是一致的。《说文》云：等，齐简也。多年来发现的出土文献也证实了这一点。"③ 陈鼓应列出两大原因仅仅是推测，并无实据。在讲第二个原因时，陈鼓应引王博的讲法，"王博在达慕斯大

① 高华平：《先秦〈老子〉文本的演变——由〈韩非子〉等战国的〈老子〉引文来考察》，《中州学刊》2019 年第 10 期，第 107 页。

② 陈鼓应：《老庄新论》，商务印书馆，2008 年，第 83 页。

③ 参见艾兰等：《郭店老子：东西方学者的对话》，学苑出版社，2002 年，第 36 页。

学《老子》会议论文中指出：各组的抄写都体现出抄者的侧重，如乙丙组各有自己的主题，乙是修身，丙是治国，甲组也可以大致分为这两个主题，第一部分与丙组类似，主要讨论治国方法，第二部分的主题是关于道、天道与修身的"①。但王博的看法预设了原作者不能有主题，这种预设是不当的。如果有主题就是摘抄本，成玄英认为五千言也有主题结构，五千言也是摘抄本？另外，王博对各本的主题定位，也是有出入的。比如提"乙是修身"，而乙本的 8 章里就有 3 章提到国（邦）或天下（有一章提到"可以有国"，有一章提到"爱以身为天下"，有一章提到"以天下观天下"）。对甲本概括也有出入，甲本有 5 组竹简，整理小组拼合的甲本顺序仅仅是临时的，李零根据分篇符号等拼合的顺序就很不同。

有的学者通过楚简《老子》甲本与丙本重复章节内容有差异，而得出楚简《老子》三本有不同的祖本，或得出楚简《老子》是摘抄本都是不当的。陈鼓应认为："甲组文义较近祖本，它所根据的传本当比丙本要古早，再则由甲丙组合于今本《老子》第 64 章下段的部分内容相重而字迹颇有差异这一点来看，可见抄手根据的是不同传本。"② 陈鼓应忽视了甲本与丙本同章而内容与字迹有差异是由于两个本子时间不同，时间不同则丙本同章内容可以由甲本流变而来，未必一定是不同祖本。字体不同也是时间差异造成的，而书法不同是不同抄手

---

① 陈鼓应：《老庄新论》，商务印书馆，2008 年，第 83 页。
② 陈鼓应：《老庄新论》，商务印书馆，2008 年，第 82 页。

而为，这都不能得出同一章一定有不同传本。河上公本与王弼本某几章有差异，难道能得出他们一定有不同的祖本？

3. "文本趋同说"能得出五千言在前吗？刘笑敢提出"文本趋同"说，首先注意到了《老子》文本的流变，"《老子》已经经过两千年的演变，这种演变至今未止。《老子》楚简、汉帛本的发现，更为《老子》演变的研究提供了千载难逢的机会，也激发了延续古代《老子》的新潮"①。并认识到"近古必存真"的考据原理，"事实上，越是流传广、通行久的版本，其演化越多，距离原貌越远；倒是不大流传的传世古本比较接近古本旧貌"②。依照此原则，楚简《老子》作为迄今为止发现最早的《老子》文本，则更接近《老子》原貌，而刘笑敢却把楚简《老子》当作摘抄本对待，从而预设有一个五千言祖本，而遮蔽了五千言系由少到多层累构成，"大体说来，各种八十一章本虽然可能各有所依，但最初当有一个共同的八十一章作祖本"③。预设有一个五千言的祖本，则忽视了楚简《老子》的实物证据。楚简《老子》甲、乙、丙三本的形制等不同，决定了战国时期的《老子》并非一个整体，即不存在一个先在的五千言祖本。周凤五与高华平是文献学的专业人士，从不同角度互证了楚简《老子》甲本与乙本、丙本是经与后学的关系。周凤五从形制差异分出经与传，"郭店

---

① 刘笑敢：《老子古今》，中国社会科学出版社，2006年，第69页。
② 刘笑敢：《老子古今》，中国社会科学出版社，2006年，第30页。
③ 刘笑敢：《老子古今》，中国社会科学出版社，2006年，第137页。

竹简有经与传注之分，简策长者为经，短者为传……以简策区分经、传的原则是一致的"，"简端形状也是区分经、传的主要依据，梯形为经，平齐者为传"①，"甲组《老子》竹简的上下端都修整为梯形"，"乙、丙两组《老子》的简端同样平齐而非梯形，显示其与甲组《老子》确有区隔"②。高华平从内容体例差异上分出了经与解说文，"通过考察楚简《老子》的内容和文体特征，认为楚简《老子》文本显示《老子》一书原是经、传（解说文）的混合体；楚简《老子》甲组属'经文'，乙、丙二组属'解说文'"③。

另外，刘笑敢把传说中的傅奕本作为"介于竹简本、汉帛《老子》和今本《老子》之间的过渡性版本"④，有时序上的错置。傅奕本有项羽妾墓本的内容仅仅是传说，另傅奕本也被后人大幅度修改，范应元本的序言也有过交代；傅奕本与今本《老子》内容很接近，与楚简《老子》比较，汉帛《老子》更接近楚简《老子》，而傅奕本却几乎无楚简《老子》的内容，也说明不可能有项羽时期的内容。傅奕本是唐传本，且后人修改幅度大，王弼本在《隋书·经籍志》里就有记载，王弼本

① 周凤五：《郭店竹简的形式特征及其分类意识》，载《郭店楚简国际学术研讨会论文集》，湖北人民出版社，2000年，第59页。

② 周凤五：《郭店竹简的形式特征及其分类意识》，载《郭店楚简国际学术研讨会论文集》，湖北人民出版社，2000年，第54页。

③ 高华平：《对郭店楚简〈老子〉的再认识》，《江汉论坛》2016年第4期，第93页。

④ 刘笑敢：《老子古今》，中国社会科学出版社，2006年，第29—30页。

应排序在傅奕本之前。

余　　论

关于老子其人，简帛《老子》文献更支持老学晚出论，这需要重新反思老子的思想史定位。孔老之间，传统的老子印象是孔子的老师，在考据上可以重新确立老子的批判性地位，批判的价值比施授的价值更大。不论是孔老会面，还是《老子》文本自身，都能明确体现老学对孔学的批判。在整个道家体系更能看到批判性色彩，一是批判儒学学术；二是批判现实统治者"有为"。

关于老子其书：简帛《老子》与今本《老子》的巨大差异，本身也体现出《老子》文本的流变与层累构成。《老子》非一人一时之作既符合多本差异之状貌，也符合诸子书作为学派著作的文献学共识。关注到今本《老子》作为学派著作在历时性中生成，有利于克服共时性打包文本研究造成的遮蔽，有利于关注到文本内部的义理分梳及其历时性发展脉络。

第二节　老学晚于孔学新证

本节接着木斋讲，木斋在《先秦文学演变史》中考据了孔学与老学的关系。

孔学与老学的先后关系是非常重要的论题，涉及中国文学史与思想史的书写秩序。自民国《古史辨》以来，孔学与老学的关系的讨论可以说是众说纷纭，莫衷一是。木斋在《先秦文学演变史》中讨论孔学与老学关系，从文献学、思想线索、文本体例等重新进行了审视与讨论，从而再次确立老学晚于孔学。笔者赞同木斋对孔学与老学的先后定位，并从老学对孔学进行结构性批判、楚简《老子》与老学晚于孔学的验证等角度进行了必要的补证。

木斋所著的《先秦文学演变史》于 2019 年 1 月由人民出版社出版，这应是第一本先秦文学演变史，以突出"演变"为先秦文学作史。《先秦文学演变史》非常重视作品之间的演变关系，比如对《诗三百》历史地位的再审视，对孔老关系演变的再反思……如果真正理清这些演变的重要线索，"先秦文学真正可以称之为'史'了，一向被认为凌乱'碎片'的先秦文学，就被整理成为基本有规律可循并依照规律演变发展的先秦文学。这正是本书力求完成的任务"①。

孔老关系问题在文学史、哲学史上的意义重大，涉及诸子的源流问题。关于孔老先后，尤其是自民国以来可谓是众说纷纭，今天仍有必要对孔老关系进行再探索。

一、老学晚于孔学的文献依据

讨论孔老先后，即比较孔学与老学的时间先后。孔学以孔子的讲学内容为主，孔学是在孔子生前就确立，其具体思想主

① 木斋：《先秦文学演变史》，人民出版社，2019 年，第 303 页。

要依据于后来弟子编撰的《论语》；而老学则需要以《老子》一书为考察依据，因为老子没有在生前广泛讲学。民国学者中，老学早出论以胡适为代表，老学晚出论的代表人物有顾颉刚、梁启超、钱穆、冯友兰等。晚出论者从不同的角度提出了《老子》晚出论的证据。比如，梁启超认为《老子》里有的内容有战国风格；冯友兰认为，老子讲无名，必在名家重名之后。《老子》晚出论者提出的一些过硬证据，《老子》早出论者并没有给出有力的回应。胡适主早出论，但给出的证据不足以支撑老子早出的必然性。早出论者一般依据《史记》对孔老同时代进行对话的记载，以及《庄子》等文献对孔老对话的提及。但无法找到春秋或战国初期文献对《老子》的征引。（《礼记·曾子问》里提到了孔老对话，但该材料为汉代戴圣所整理，无法完全确定属实。且并没有引用《老子》具体文献。）

《庄子》等文献提及的孔老对话，并不能作为史料，《庄子》一书本就多为寓言。这些文献无法必然确定老子和孔子同时，即使孔老同时，同样不能得出《老子》一书在孔学之前。孔子出道早，讲学早（"加我数年，五十而学易"），而老子著书在后（《史记》提老子出关时才著书）。

木斋主张《老子》晚出论，吸收了民国成果，也有自己独到的研究。木斋主要从五个方面列出了证据：

1. 从著述史的角度来看，孔子之前尚无个人著述的先例：综述前文所论，中国文化史之起源发生的历程来看，殷商时代固然没有著述，到西周制礼作乐之后，著述专著的观念也是一个漫长岁月渐次形成的历程。

2. 从教育史的角度来看，孔子是中国私学教育的奠基人，私人著述是私学教育的产物：孔子之前，皆为学在官府的阶段。

3. 从思想史的发展历程来看，儒家思想产生于前，源远流长，道家思想产生于儒家思想之后，孔子的时代前后，并无其他道家思想产生的旁证，不能形成有机的源流体制。

4. 从诸子百家的个人著述史，可以验证《老子》不可能产生于《论语》之前这一推断。

5. 从《论语》的体例可以证明《老子》在其后：《论语》是孔子门徒的真实的语录体纪录，全书二十章，不仅仅各章之间似乎没有联系，仅仅是对孔子话语行状的分门别类的分类，每段语录之间似乎也没有明确的关系。[①]

尤其是其中第三条值得重视，如果老学在前，很难为老学找到理论来源。有的把老学的来源归为黄帝，但这只是传说，

① 木斋：《先秦文学演变史》，人民出版社，2019 年，第 259—261 页。

无法找到思想上的必然承传与创新依据；有的把老学来源归为史官、隐士，这只是在尝试找职业关联，并没有找到理论来源依据；有的把老学归为对现实的刺激，但不仅不是理论承传来源，同时也忽略了别的学派同样会受到现实的刺激。如果孔学在前，孔学自身有理论来源，孔学"述而不作"，理论来源于传统，比如《诗经》《尚书》等；孔学在前，同时也为老学找到了来源，老学是对孔学的结构性批判。

木斋通过论证，得出结论："《老子》不可能为孔子时代的著作，而应该是《孟子》稍后、《庄子》之前的著作。"①

关于有的学者提出，孔子有《老子》类似的话，来证明老子在前，比如陈鼓应等认为无为而治出自《老子》，木斋回应道，这里需要辨析："《论语》中出现与老子思想吻合的话语不足为奇，正如儒家思想并非为孔子所缔造，道家思想也非最早源于当下所见的《老子》。"② 孔子提无为确实未必来自老子，因为在春秋之前就有"无为"一词，比如《诗经》。（孔子整理过《诗经》，自然知道有无为语词，不一定非要来自《老子》。）如果孔子提无为就认为来自《老子》，反之也可以说《老子》里无为是来自孔子，这样的推论是无效的。其实胡适早就反思过这个问题。陈鼓应列举孔子和《墨子》里有《老子》相似的话，就得出《老子》在前，也同样忽视了孔子和《墨子》并没有直接提出自《老子》，同样晚出论也可以理

① 木斋：《先秦文学演变史》，人民出版社，2019 年，第 259 页。
② 木斋：《先秦文学演变史》，人民出版社，2019 年，第 254 页。

解为《老子》在引用《墨子》。陈鼓应说道："'子曰：无为而治者其舜也与?'……'无为而治'是老子的学说。《论语》这样推崇'无为而治'，可见在这个观念上孔子所受老子的影响。"① 孔子不可能在《老子》著书之后才开始提无为等。孔子讲学早，而老子著书较晚，这是信古派要接受的记载。陈鼓应还用孔子问礼于老子的材料证明老学在前，这都缺乏旁证，没有证据证明老子在孔老会话时已经形成老学。陈鼓应还把《论语》里老彭理解为老子与彭祖，同样缺乏旁证，另有人考究"老彭"是一个真实人物，是一个人，而非两个人。刘笑敢在《老子——年代新考与思想诠释》一书中用《老子》与《诗经》和《楚辞》进行文风比较，认为《老子》更接近《诗经》，而不是《楚辞》，从而得出《老子》早出，而不是战国的作品。刘笑敢的研究忽视了，即使《老子》文风接近《诗经》，而不接近《楚辞》，也不能得出《老子》是春秋的，比如今天的某个诗人文风接近唐诗而不接近现代诗，并不能得出他不是今天的人。另外，即便《老子》是春秋的，也不能得出《老子》一定在孔学之前。文献记录来看，实际是孔子讲学（孔学）在前，而老子著书（老学）在后。

二、老学晚于孔学的思想线索（老学对孔学的结构性批判）

《老子》一书，最高的概念是道，《老子》把道作为本原

---

① 陈鼓应：《老子新论》，中华书局，2015 年，第 16 页。

地位，"道生一，一生二，二生三，三生万物"，道"先天地生"，同时道作为价值地位，"道者同于道"，"天下有道，却走马以粪；天下无道，戎马生于郊"。木斋注意到了道作为《老子》的最高概念，"如果用一个字来概括孔子思想，则可用'仁'字；如果用一个字来概括老子思想，则为'道'字"①，"《老子》一书，乃为自足之思想论著，自成体系，自成规模，全书五千言，都围绕一个'道'字展开论证"②。

道作为《老子》的最高概念，却不宜作为核心思想。一是，孔子也高度重视道："志于道、据于德"，"君子忧道不忧贫"，"朝闻道，夕死可矣"；二是，道需要具体展开，不然过于宏大。这就决定还需要把最高概念——道具体落地在内涵更为确定的概念上，这就是《老子》的核心概念——自然、无为。木斋说道："无为，是《老子》的核心思想之一……无为思想也是笼罩全篇的哲学思想。无为，正是针对儒家的有为而言的。"③ 在《老子》里，自然和无为都是重要的理念，为何更强调无为呢？这有两方面的原因，一是无为上升到了道的高度——"道恒无为也"（楚简《老子》）。二是《老子》推崇无为而治，针对当时有为的社会现实。

木斋从《论语》与《老子》的思想线索关系上进行了考

① 木斋：《先秦文学演变史》，人民出版社，2019 年，第 255 页。
② 木斋：《先秦文学演变史》，人民出版社，2019 年，第 255 页。
③ 木斋：《先秦文学演变史》，人民出版社，2019 年，第 257 页。

察，认为《老子》是对孔子的批判，比如，"无为，正是针对儒家的有为而言的"①。孔子虽也提到过一次无为，"无为而治者，其舜也与"，这一句仅仅是讲舜无为，未必意味着孔子主无为；另《论语》只出现这一次无为，无为不能作为孔子的主要思想，孔子主张的仁义礼智皆是倾向于有为。而无为是《老子》的高频词，同时又是《老子》思想的一大标志：无为之治。通常提到无为而治，想到的是道家，而不是儒家。

关于《老子》是对孔子的批判，这一点笔者是非常赞同的。笔者认为，老子提无名是对孔子正名（有名）思想的批判。我们可以把"道隐无名""道常无名"理解为道隐匿而无名位，道无名位意在反对虚妄的价值判断而分出高低贵贱，这是在解构儒家的价值判断（儒家主张正名）。另外，从《老子》文本来看，我们还可以看到诸多老学批判孔学的原文——

孔学：唯天为大。

老学：（道）先天地生。

孔学：依于仁；君子喻于义。

老学：大道废，有仁义；失道而后德，失德而

---

① 木斋：《先秦文学演变史》，人民出版社，2019年，第257页。

后仁，失仁而后义。

孔学：不学礼，无以立。

老学：夫礼者，忠信之薄而乱之首。

孔学：智者利仁。

老学：以智治国，国之贼；使夫智者不敢为也；绝圣弃智。

孔学：博学之。

老学：博者不知。

孔学：言忠信。

老学：国家昏乱，有忠臣。

有的学者可能会提出，《老子》批判的这些理念，在孔子之前就能找到。但要注意到，《老子》所批判的对象大都是孔子推崇的重要理念，说明《老子》是结构性（系统性）地在对孔子进行批评。

汉帛《老子》、汉简《老子》、严遵本都是德经在前，以"上德不德"一章为首章，而这一章就对孔子的仁义礼进行了集中批评，"失道而后德，失德而后仁，失仁而后义，失义而后礼。夫礼者，忠信之薄而乱之首"。《韩非子·解老》里也是"上德不德"一章作为首章。这一章作为首章，是把孔子作为靶子，《老子》是破孔之仁义礼而立道。

三、老学晚于孔学的出土文献验证

《老子》早出论与晚出论是一个旧问题，民国《古史辨》第四册和第六册就详尽地做了记录，参与的学者层次之高、人数之多都是公认的。但今天来讨论同样的问题，同时又是一个新课题，这涉及《老子》文本出土了战国时期的文献楚简《老子》，而民国学者未看到这些文献。

楚简《老子》出土之后，有的学者认为楚简《老子》是摘抄本，预设了《老子》有一个五千言在楚简《老子》之前，但这只是一种推测，而没有实质性证据。同时遮蔽了《老子》流变性，忽视了五千言《老子》可能是跨越时空多人完成的作品，张涅在《光明日报》上撰文，就强调了诸子的特定性和流变性问题，"战国中期之前的诸子……就有思想流变性的特征"[1]，认为诸子往往是学派著作，比如《管子》《庄子》。

有学者提出："《说苑·敬慎》篇记载，'叔向曰：老聃有言曰：天下之至柔，驰骋天下之至坚。又曰：人之生也柔弱，其死也刚强，万物草木之生也柔脆，其死也枯槁。'这

---

① 张涅：《走近诸子的另一路径》，《光明日报》2019年3月2日。

里所引的《老子》第43章和第76章的文字。叔向是晋平公时代的人，与孔子同时。可见在孔子生前，《老子》这部书就已经问世。"① 木斋对此给出了有力的回应，"《说苑》所载叔向的话语，不能证明确为叔向所言，而要研究所引出处之著作的时间，《说苑》为西汉后期刘向所编，西汉人记载春秋时期人的话语，一不可信，《说苑》为杂史小说集，二不可信"②。即使《说苑》记载可信，也不能得出春秋《老子》已经成书，更不能得出《老子》在孔学之前。（有的学者试图通过战国中期偏晚甚至可能是战国晚期的《郭店楚简老子》建立《老子》早出论，木斋进行了批判，认为楚简《老子》并不能支持《老子》早出论。楚简《老子》作为传抄本在战国中期偏晚或战国晚期，"原本"应更早一些，但在没有实质性证据前，不能随意把"原本"提前至孔学前，毕竟孔子时代或战国早期看不到有文献对《老子》内容的征引。）

从楚简《老子》与五千言《老子》的关系，我们还能看到，两者之间有内在的流变关系。首先楚简《老子》有甲、乙、丙三本，三本不能简单作为一个整体，三本除了有时间先后（一般认为甲本早于乙本、丙本，乙本又略早于丙本）之别，还有地位之别，甲本的地位高于乙本、丙本，甲本竹

---

① 陈鼓应：《老庄新论》，商务印书馆，2008年，第26页。
② 木斋：《先秦文学演变史》，人民出版社，2019年，第255页。

简形制比乙本、丙本长。三本地位有差异，不是同一作者，说明三本不是一个整体，也就不存在还有一个更早的五千言《老子》。

认为《老子》晚出论，论证孔学前老学后，并非是为了扬孔学抑老学，而是为了还原本真的演变关系。木斋并非儒家信徒，不是为了给门户辩护。木斋高度肯定了《老子》的思想地位，"《老子》一书，乃为自足之思想论著，自成体系，自成规模"①。冯友兰论证孔学前老学后，最终是把孔子列为第一个哲学家，而木斋却认为，孔学虽在前，但《老子》仍然是第一部真正意义的哲学著作，"《老子》可以视为中国第一部阐发哲学思想的专著"②。在确立《老子》是真正意义的哲学著作时，同时意味着《老子》比孔学更为深刻，"这就哲学深度而言，无疑比《论语》中阐发的单向的儒学思维更为深邃，更为哲学化。这一点再次证明了《老子》是一部有系统的哲学专著，而其文学价值更可以视为是第一部系统阐发哲学思想的散文专著"③。木斋还高度肯定了《老子》的艺术性，"这些精彩论述，除了为华夏民族创造了经典的成语之外，读其引文，深为其文辞之美、哲理之深而震撼"④。《老子》既是哲学也是诗，既具理性也具诗性，是世界

---

① 木斋：《先秦文学演变史》，人民出版社，2019年，第255页。
② 木斋：《先秦文学演变史》，人民出版社，2019年，第255页。
③ 木斋：《先秦文学演变史》，人民出版社，2019年，第257—258页。
④ 木斋：《先秦文学演变史》，人民出版社，2019年，第258页。

哲学诗的典范。孔前老后这是事实描述，并不是价值判断，并不能得出孔子高于老子，犹如苏格拉底在柏拉图之前，而柏拉图对西方哲学影响却更大。

木斋对《老子》核心思想的深刻理解，把《老子》与孔子的思想史关系给理清了，比如《老子》的无为是对孔子有为的批判，《老子》作为道家的主要作品，对孔学的反拨。木斋同时对《老子》的文风、成熟度也进行了分析，并与孔子思想进行比较，而梳理出可能的先后关系。对《老子》演变关系的详尽论证中，借鉴了前人研究成果，罗列了多条证据，多角度来论证《老子》后于孔学。尤其是其中提到道家很难找到别的源头，缺乏旁证，是一个有说服力的论述，而如果理解为《老子》来源于对孔学的批评，则一切顺理成章，这在《老子》文本里也能找到相关批评孔子思想的文献。对《老子》出土文献新成果的有力回应，进一步确定并没有充足的证据把《老子》提前到孔学之前。这三大方面的深入研究，使得孔学与《老子》的关系变得清晰。

木斋通过考据孔学与《老子》的关系，认为老学晚于孔学，不仅仅是解决孔学与《老子》的演变关系，还涉及整个诸子关系的重新审视。把孔学作为诸子之首，重新思考诸子间的关系。而孔学与老学演变关系的调整，不仅影响整个诸子的演变，还会影响诸子之后的文学演变关系。

今本《老子》各章要旨

应西安外事学院校长黄藤教授的安排，笔者于 2021 年 3—6 月在西安外事学院图书馆给学校教师进行为期一个学期的《老子》讲读（200 多位教师报名参加），一共讲了 16 次，每次讲 5 章左右。"今本《老子》各章要旨"正是笔者对这次《老子》讲读内容的进一步提炼、总结。

上　篇

第 1 章

道可道，非常道。名可名，非常名。无名，天地之始；有名，万物之母。故常无欲，以观其妙；常有欲，以观其徼。此两者同出而异名，同谓之玄，玄之又玄，众妙之门。

本章论述本原"世界"与文化世界的关系。本章容易误解为道是不可道的，而老子明确"道可道"。"道可道"的意义非常重大，意味着老子不属于不可知论。道作为本原、终极存在，是可认识的，可言说的。老子认为道是可道的，老子要讲的道不是传统亘古不变的旧道（"非常道"，汉帛《老子》为"非恒道"），这里明确了老子之道是新道学，不同于旧的道学，尤其与儒学之道划清界限。孔子向老子问礼，老子说"其人与骨已朽矣"。也说明老子守的不是儒家传统的常道，而是另立新道。名也是可名的，但不同于旧学的名位之名，道是无名的。进而区分出道世界的无名与文化世界的有名。天地之始是道的世界，是无名的。万物之母是文化的世界（万物指人，老子多处用圣人与万物对举）。道是无名无欲的，人需要在虚静、恒无欲中观道之微妙。文化世界是有名有欲的，人需要在有欲中观文化的边界，比如名位尊卑。第32章进一步区分"道常无名"与"始制有名"，也是区分道的世界与文化的世界。《千字文》讲"天地玄黄"与"始制文字"，也是讲自然的世界与文化的世界。《圣经·创世纪》里区分伊甸园的世界与走出伊甸园的世界，人走出伊甸园知道羞耻正是文化世界的发生。人有使命创造文化，但文化又容易反客为主对人产生异化，这就需要回望道的无名世界，从而"知止所以不殆"（第32章）。根本上看，道的世界（无名、无欲）与文化的世界（有名、有欲）都出于道，都是道（天道与人道），只是显示的名不同，理解了两者的玄妙关系，也就进入了真理之门。

第 2 章

天下皆知美之为美，斯恶已。皆知善之为善，斯不善已。故有无相生，难易相成，长短相较，高下相倾，音声相和，前后相随。是以圣人处无为之事，行不言之教；万物作焉而不辞，生而不有，为而不恃，功成而弗居。夫唯弗居，是以不去。

本章论述价值判断与事实判断的区别，进而提出无为之治。美、恶，善、不善，这两对范畴属于价值判断。有无、难易、长短、高下、音声、前后这几对范畴属于事实判断。老子反对天下（政治世界）推崇独断的价值系统，如果天下人都整齐划一地知道美之为美、善之为善，必然导致伪美、伪善。比如整个政治世界都推崇孝敬，那么就会有大量的作秀现象，所以下一章老子反对尚贤。这里蕴含着统治者不具有垄断价值判断的合法性，价值判断应还给民间，还给个人。如果美、恶，善、不善的标准被统治者垄断，统治者必然视为统治工具，与统治利益不符合的都裁定为不善。在讲到事实判断时，老子反对执一端，万事万物其实是相反相成的，老子在别的章节还特意说到"万物负阴而抱阳"，"大道泛兮，其可左右"。但要注意到，老子在价值判断上，如善恶问题上并非相对主义，老子明确说："天道无亲，常与善人。"天道是有善恶评判的，且奖善罚恶。善恶的相对主义，会解构人类的文明，

《圣经》的十诫作为上帝命令也是明确区分了善恶，诫命有"不得杀人"，意味着杀人是恶。本章的"圣人处无为之事，行不言之教"，也就是进一步确认统治者不能强制民，不能把基于统治者的一己之私的价值系统采取教化方式对民进行精神规训。统治者喜欢折腾政治功劳，于是以真理所有者自居，对民进行强制并灌输价值系统。无为之事、不言之教才是最大的功，有了这种功也就是无功，或者说是大功，这样的功更没有必要居功，"功成而弗居。夫唯弗居，是以不去"。庄子讲"神人无功"，也有此意。

第3章

不尚贤，使民不争；不贵难得之货，使民不为盗；不见可欲，使民心不乱。是以圣人之治，虚其心，实其腹，弱其志，强其骨，常使民无知无欲。使夫智者不敢为也。为无为，则无不治。

本章讨论社会混乱的根源，社会混乱是由统治者造成的，不是由民造成的。民相争，是因为统治者尚贤；民为盗，是统治者贵难得之货；民心乱，是统治者见可欲。因而老子主张"不尚贤，使民不争；不贵难得之货，使民不为盗；不见可欲，使民心不乱"。真正治乱，就是无为而治，"为无为，则无不治"。

第4章

道冲而用之或不盈，渊兮似万物之宗；挫其锐，解其纷，和其光，同其尘，湛兮似或存。吾不知谁之子，象帝之先。

本章讲终极之道的特征，"道冲"即道是虚空的，道超越时空。因为道是虚空的，道用才"不盈"，这与"弱者，道之用"也是相应的。道是万物的本原，在帝之先，都是在突出道的终极地位。本章讲的"或""似""象"，给人感觉是"非肯定性表达"，但要注意到其他章节进一步肯定性表达，如道"先天地生""道生一，一生二，二生三，三生万物"等，也是在讲道明确作为先在性的本原地位。

第5章

天地不仁，以万物为刍狗；圣人不仁，以百姓为刍狗。天地之间，其犹橐籥乎？虚而不屈，动而愈出。多言数穷，不如守中。

本章进一步讲天地之虚，用橐籥（风箱）做比喻，天地之间虽然虚空，但力量强大；进一步引出统治者要守虚，不要搞言教强制民。楚简《老子》无"天地不仁，以万物为刍狗；圣人不仁，以百姓为刍狗"，今本《文子》和汉简《文子》引用《老子》本章时亦无此句，此句或为后学增加。"天地不

143

仁，以万物为刍狗；圣人不仁，以百姓为刍狗"，也是在言天地与圣人都是虚静的，任万物、百姓自主发展。"圣人不仁，以百姓为刍狗"容易被误解为圣人不管百姓死活。

第 6 章

谷神不死，是谓玄牝。玄牝之门，是谓天地根。绵绵若存，用之不勤。

本章明确道是神性之道。谷神是元牝（本原），是天地之根；谷神也就是道，谷神作为一种神灵，说明道具有神性。（陈荣捷注意到，谷神在西周是祭祀对象，现在一些村子还有保留。）以谷神作为依归，其用不穷竭。

第 7 章

天长地久。天地所以能长且久者，以其不自生，故能长生。是以圣人后其身而身先；外其身而身存。非以其无私邪？故能成其私。

本章以天地长久的缘由来说明人如何长久，天地长久的缘由是天覆地载，天地不是为了自己存在而存在，而是为了他物存在而存在。（"以其不自生"，指天地不为自己而生。）人如何长久，同样需要不自生。圣人做了不自生，所以圣人是长久的，圣人"不为而成"，无私而成其私。

第 8 章

上善若水。水善利万物而不争，处众人之所恶，故几于道。居善地，心善渊，与善仁，言善信，正善治，事善能，动善时。夫唯不争，故无尤。

本章以水喻道，水利它而不争，居于众人厌恶的位置。水往低处流，李零有一本名为《人往低处走》的老子研究著作。海纳百川、百川归海，恰恰是海的位置处于百川之下。老子具体讲了"七善"：居住之善在于选择好的地方；心灵之善在于博大；相处之善在于仁爱；言论之善在于信用；为政之善在于好的治理；行事之善在于能干；行动之善在于把握时机。"七善"之善，以及"上善"之善、"水善"之善，都是名词，是善恶的善，而不是动词——"善于"的善。

第 9 章

持而盈之，不如其已；揣而锐之，不可长保。金玉满堂，莫之能守；富贵而骄，自遗其咎。功成身退，天之道也。

本章论述柔道，并突出"功成身退"的智慧。老子在道用上主张柔弱、不盈，本章具体就此展开，"持而盈之，不如其已；揣而锐之，不可长保"。不盈也就不会贵难得之货，不会富贵而骄，否则都是自找危险，"金玉满堂，莫之能守；富

145

贵而骄，自遗其咎"。老子主张成功之后要把自身隐退下来，"功成身退，天之道也"。可以以乾卦第五爻、第六爻来理解"功成身退"。第五爻"飞龙在天"是成功的状态，接下来应该身退，如果不身退，继续亢进，则是第六爻："亢龙有悔。"（物极必反）

第10章

载营魄抱一，能无离乎？专气致柔，能婴儿乎？涤除玄览，能无疵乎？爱民治国，能无知乎？天门开阖，能为雌乎？明白四达，能无为乎？生之，畜之，生而不有，为而不恃，长而不宰，是谓玄德。

本章可以概括为老子追求"唯精唯一"。"载营魄抱一，能无离乎？专气致柔，能婴儿乎"主要讲唯一；"涤除玄览，能无疵乎？爱民治国，能无知乎？天门开阖，能为雌乎？明白四达，能无为乎"主要讲唯精。唯一而整全，形神不二。唯精而去粗，"为道日损"，远离"余食赘行"。圣人就是通过无为的方式始终唯精，保持慈俭处下。根本上看，唯一就是唯精，唯精就是唯一。道具有玄德，生万物而不主宰万物，圣人也是如此行道，"生之，畜之，生而不有，为而不恃，长而不宰，是谓玄德"。

第11章

三十辐共一毂，当其无，有车之用。埏埴以为器，当其无，有器之用。凿户牖以为室，当其无，有室之用。故有之以为利，无之以为用。

本章通过车、器皿、居室等生活器物，来说明有为利，无为用，"故有之以为利，无之以为用"。其实根本上是在说体与用的关系：以有为体，以无为用。以无为用，这一点不会有争议，因为老子明确说"无之以为用"。但通常也会把无作为体，比如王弼的贵无论主张"以无为本，以无为用"，其实王弼仅仅是一种新诠。在老子文本里，作为本原之道也明确为有，"有物混成……字之曰道"，这里是用有来表达道。（董平还注意到，"孔德之容，唯道是从"章也是讲道的，但仍然是讲有，"其中有象""其中有物""其中有精""其中有信"。）老子还用"无物之象""无状之状"来形容道，但这里本质不是无，还是有，是有"象"与有"状"，只是因为道超越时空而显性为无物、无状，而"之象""之状"是有"状"、有"象"。楚简《老子》里的"有（爿首）昆成"，有的就释为"有状昆成"，郭沂认为这里的"有状"正是"无状之状"。通常依据"天下万物生于有，有生于无"来确证以无为体，但楚简《老子》是"天下万物生于有、生于无"，有和无是并列关系。楚简《老子》是战国文本，古朴简洁，更接近祖本。

第12章

五色令人目盲，五音令人耳聋，五味令人口爽，驰骋畋猎

147

令人心发狂，难得之货令人行妨。是以圣人为腹不为目，故去彼取此。

本章讲天道与人欲的关系，存天道而警惕人欲。人欲的过多彰显而阻碍人通向道，正如庄子所言"嗜欲深者，天机浅"。统治者骄奢淫逸，沉迷于五色、五音、五味、驰骋畋猎、难得之货，一方面自身无法与道合一，另一方面造成社会混乱。而圣人始终是以无欲方式观道，"故常无欲，以观其妙"。在理论形态的讲法里，老子推向了极致，讲无欲；在实践形态的讲法里，老子考虑到生活的实际处境，讲"少私寡欲"，两者间富有张力。

第13章

宠辱若惊，贵大患若身。何谓宠辱若惊？宠为下，得之若惊，失之若惊，是谓宠辱若惊。何谓贵大患若身？吾所以有大患者，为吾有身，及吾无身，吾有何患？故贵以身为天下，若可寄天下；爱以身为天下，若可托天下。

本章论述身国同构。儒家的内圣外王，是统治者具有仁德，然后把仁德推向天下。老子的内圣外王，则是统治者贵身，并把贵身推向天下，"故贵以身为天下，若可寄天下；爱以身为天下，若可托天下"。老子之所以主张建立贵身社会，是为了克制名货社会。在《老子》里，身是与名货相对的，

"名与身孰亲？身与货孰多？"从"宠为下，得之若惊，失之若惊，是谓宠辱若惊"来看，老子并不主张这种患得患失的"宠辱若惊"，而应是主张宠辱不惊。"贵大患若身"也是老子不主张的，因为身是最重要的，没有什么患比身还重要，患不过是患名患货，患名患货是本末倒置。"吾所以有大患者，为吾有身，及吾无身，吾有何患"，这不是说身造成了患，而是说不应患名，名是外在的，有了身才存在患名的问题；如果人都没了，就不存在患名的问题，是在解构名。老子并非主张无身，而是主张贵身，因为贵身，才不应患名。

第 14 章

视之不见名曰夷，听之不闻名曰希，搏之不得名曰微。此三者，不可致诘，故混而为一。其上不皦，其下不昧。绳绳不可名，复归于无物。是谓无状之状，无物之象，是谓惚恍。迎之不见其首，随之不见其后。执古之道，以御今之有。能知古始，是谓道纪。

本章论述本原之道具有超越性，是无时空的存在："视之不见""听之不闻""搏之不得"。超越性的本原之道与现象之物就拉开了距离。本原之道是最古老的，它是世界的起点："天地之始"，它同时也是今人行事的依据，"执古之道，以御今之有。能知古始，是谓道纪"。价值之道要依据于本原之道，是"推天道以明人事"的思维方式。

第 15 章

古之善为士者，微妙玄通，深不可识。夫唯不可识，故强为之容：豫兮若冬涉川，犹兮若畏四邻，俨兮其若客，涣兮若冰之将释，敦兮其若朴，旷兮其若谷，浑兮其若浊。孰能浊以静之徐清？孰能安以久动之徐生？保此道者不欲盈，夫唯不盈，故能蔽不新成。

本章描述得道者的精神气象，具体表现为"七若"。（七是个特殊的数字，老子讲"七善"，也讲"七若"。）陈霞认为老子之道还是信仰之道，并认为本章具体描述了圣人对道的敬畏之心，"豫兮若冬涉川，犹兮若畏四邻……"（"谷神不死"章也体现了道作为信仰存在。）

第 16 章

致虚极，守静笃。万物并作，吾以观复。夫物芸芸，各复归其根。归根曰静，是曰复命。复命曰常，知常曰明。不知常，妄作凶。知常容，容乃公，公乃王，王乃天，天乃道，道乃久，没身不殆。

本章讲体道的方法：致虚、守静。致虚守静的方法，也就是首章的"常无欲，以观其妙"。本章讲的知常也就是知道。

第 17 章

太上，下知有之。其次，亲而誉之。其次，畏之。其次侮之。信不足焉，有不信焉。悠兮其贵言，功成事遂，百姓皆谓我自然。

本章论治国的四重境界：道治、德治、权治、暴治，老子主张道治，"崇本而息末"。（道治："下知有之"；德治："亲而誉之"；权治："畏之"；暴治："侮之"。）道治的效果是"百姓皆谓我自然"，百姓自然意味着执政者未干预、强制百姓。

第 18 章

大道废，有仁义；慧智出，有大伪；六亲不和，有孝慈；国家昏乱，有忠臣。

本章继续讲道治，主张"崇本而息末"，反对"大道废"而兴仁义，应保持大道兴而越仁义。老子要在源头上解决问题，而不是治标不治本。

第 19 章

绝圣弃智，民利百倍；绝仁弃义，民复孝慈；绝巧弃利，盗贼无有。此三者以为文不足，故令有所属：见素抱朴，少私寡欲。

本章同样是讲道治，认为仁义是末端，主张符合道的朴治："见素抱朴。"17 章、18 章、19 章三章都是讲道治，所以汉简《老子》把这 3 章作为同一章。老子推崇圣人，又说"绝圣弃智"，容易导致悖论。此句可采取楚简《老子》，楚简《老子》作"绝智弃卞"。

第 20 章

绝学无忧，唯之与阿，相去几何？善之与恶，相去若何？人之所畏，不可不畏。荒分其未央哉！众人熙熙，如享太牢，如春登台。我独泊分其未兆，如婴儿之未孩；儽儽分，若无所归。众人皆有余，而我独若遗。我愚人之心也哉！沌沌分，俗人昭昭，我独昏昏。俗人察察，我独闷闷。澹分其若海，飂分若无止。众人皆有以，而我独顽似鄙。我独异于人，而贵食母。

本章认为圣人异俗，圣人与道同在（"我独异于人，而贵食母"），俗人则是以世俗价值为目标（"众人熙熙，如享太牢"）。"绝学无忧"也就是要超越世俗之学，以道为宗则无忧。

第 21 章

孔德之容，惟道是从。道之为物，惟恍惟惚。惚分恍分，其中有象；恍兮惚兮，其中有物。窈兮冥兮，其中有精；其精甚真，其中有信。自古及今，其名不去，以阅众甫。吾何以知众甫之状哉？以此。

本章讲道的形上性，道超越时空，故为恍惚。（"自古及今，其名不去，以阅众甫"，这里是把本原之道向价值之道展开。）

第22章

曲则全，枉则直，洼则盈，敝则新，少则得，多则惑。是以圣人抱一为天下式。不自见故明，不自是故彰，不自伐故有功，不自矜故长。夫唯不争，故天下莫能与之争。古之所谓曲则全者，岂虚言哉！诚全而归之。

本章讲整全智慧："圣人抱一为天下式"，抱一即抱道，圣人抱道而行是天下人行动的范式、标准。老子反对二元对立的思维，道"其可左右"，世人常常执于一端：全、直、盈、新等，老子认为通过反面（世人所反感的一面）曲、枉、洼、敝恰恰可以达到完善，所谓"反者，道之动"。世人通常自见、自是、自伐、自矜，老子认为这正是违背道的。曹峰也认为老子的核心价值是谦卑。

第23章

希言自然。故飘风不终朝，骤雨不终日。孰为此者？天地。天地尚不能久，而况于人乎？故从事于道者，道者同于道，德者同于德，同于道者，道亦乐得之；同于德者，德亦乐得之；同于失者，失亦乐得之。信不足焉，有不信焉。

本章讲天地自然，飘风和骤雨是非自然状态，所以不可长久。人取法天地，人也需要回归自然状态。接续讲到人、道合一："道者同于道。"

第 24 章

企者不立，跨者不行，自见者不明，自是者不彰，自伐者无功，自矜者不长。其在道也，曰余食赘行。物或恶之，故有道者不处。

本章讲顺自然，"企者、跨者"是逆自然的刻意状态，故"不立、不行"。自见、自是、自伐、自矜之弊病，是接着第22章讲，第22章讲不自见、不自是、不自伐、不自矜的效果。

第 25 章

有物混成，先天地生。寂兮寥兮，独立而不改，周行而不殆，可以为天下母。吾不知其名，字之曰道，强为之名曰大，大曰逝，逝曰远，远曰反。故道大，天大，地大，王亦大。域中有四大，而王居其一焉。人法地，地法天，天法道，道法自然。

本章讲道作为本原，是全书最重要的章节，楚简《老子》甲本把该章作为首章，今本《文子》同样是把对本章的引用作为首章。道作为本原存在，首先作为有，而不是无："有物混成。"道作为终极，先于天地："先天地生。"道是自足的，不依赖外物而完满存在："独立而不改。"（许抗生认为道超越时空，不存在"周行而不殆"，而楚简《老子》无"周行而不殆"一句。）"道大，天大，地大，王亦大"，除了道、天、地是大的，王也是大的，"王亦大"是给人提供一个完满的可能性，王即圣王。人如何成为圣王呢？老子给出了路径："人法地，地法天，天法道，道法自然"，即人法地、法天、法道，在根本上是法自然，自然是地、天、道的共性。

第26章

重为轻根，静为躁君。是以圣人终日行不离辎重。虽有荣观，燕处超然。奈何万乘之主，而以身轻天下？轻则失本，躁则失君。

本章讲重轻、静躁关系，重是轻的根本，静是躁的主宰："轻则失本，躁则失君。"重和静，就是"处其实，而不居其华"，也就是贵身而不轻身，与"贵以身为天下，若可寄天下"一致，是身国同构的思路。

155

第 27 章

善行无辙迹，善言无瑕谪，善数不用筹策，善闭无关楗而不可开，善结无绳约而不可解。是以圣人常善救人，故无弃人；常善救物，故无弃物，是谓袭明。故善人者，不善人之师；不善人者，善人之资。不贵其师，不爱其资，虽智大迷，是谓要妙。

本章讲大爱思想，普爱天下，"圣人常善救人，故无弃人；常善救物，故无弃物，是谓袭明"。老子主张既向善人学习，也要善于把不善人作为自己的镜子，"善人者，不善人之师；不善人者，善人之资"。

第 28 章

知其雄，守其雌，为天下溪。为天下溪，常德不离，复归于婴儿。知其白，守其黑，为天下式。为天下式，常德不忒，复归于无极。知其荣，守其辱，为天下谷，常德乃足，复归于朴。朴散则为器，圣人用之，则为官长，故大制不割。

本章讲整全与分化的关系，道是朴的，是整全的，故人需要知雄守雌、知白守黑、知荣守辱；同时道朴分化时则作为器："朴散则为器。""势成之"在汉帛《老子》里作"器成

156

之"。老子并没有否定器的作用，"朴散则为器，圣人用之，则为官长，故大制不割"。"大制不割"不是为了主张整全而否认器，而是说"大制不害"，这里的大制本身也是在讲大器。董平把道与器看作是"本原性实在"（原在）与"散在"。

第 29 章

将欲取天下而为之，吾见其不得已。天下神器，不可为也。为者败之，执者失之。故物或行或随，或歔或吹。或强或羸，或挫或隳。是以圣人去甚，去奢，去泰。

本章主张无为、无执，"为者败之，执者失之"。无为、无执的具体体现是三去："去甚，去奢，去泰。"

第 30 章

以道佐人主者，不以兵强天下，其事好还。师之所处，荆棘生焉。大军之后，必有凶年。善者果而已，不以取强。果而勿矜，果而勿伐，果而勿骄。果而不得已，果而勿强。物壮则老，是谓不道，不道早已。

本章讲和平思想，反对战争。即使迫不得已有战争，也得适可而止。这体现了老子的人文关怀，对生命的重视。采取霸权方式是不符合道的，"物壮则老，是谓不道"。

第 31 章

夫佳兵者，不祥之器，物或恶之，故有道者不处。君子居则贵左，用兵则贵右。兵者不祥之器，非君子之器，不得已而用之，恬淡为上。胜而不美，而美之者，是乐杀人。夫乐杀人者，则不可以得志于天下矣。吉事尚左，凶事尚右。偏将军居左，上将军居右。言以丧礼处之。杀人之众，以哀悲泣之。战胜，以丧礼处之。

本章接续前一章讲和平思想，反对战争，尤其提到"不得已而用之，恬淡为上"和"战胜，以丧礼处之"，体现了老子深厚的人文关怀。一切以生命为中心，而不是以权力为中心。老子道学以尊重生命为元价值，是生命的道学。"不得已而用之"说明老子反战的同时，并没有彻底放弃武力。如果彻底放弃武力，将进入乌托邦，合道的国家反而可能被邪恶势力摧毁。

第 32 章

道常无名，朴虽小，天下莫能臣也。侯王若能守之，万物将自宾。天地相合，以降甘露，民莫之令而自均。始制有名，名亦既有，夫亦将知止，知止所以不殆。譬道之在天下，犹川谷之于江海。

本章讲自然与文化的关系：从"道常无名"到"始制有名"。道常无名，就是自然状态，非文化状态，道无等级名位。但文化的诞生，必然意味着名的彰显，名位的分化。文化的过度彰显又会造成对生命本真的异化，因而老子提出"知止不殆"。在无名与有名之间找到合适的临界点，通过回望自然（无名）达到对文化异化的警惕与克制。许抗生认为，老子学说是对中华礼义文明危机的克制。王博认为，老子是在自然的基础上建构一种知止的名的体系。

第 33 章

知人者智，自知者明。胜人者有力，自胜者强。知足者富，强行者有志。不失其所者久，死而不亡者寿。

本章讲向外与向内的关系，老子主张向内守，而不是向外求。知人、胜人、强行，都是外求；而自知、自胜、知足，都是内守。内守属于生命道学，内守也就是守道，守道则长久："不失其所者久，死而不亡者寿。""死而不亡者寿"也是老子的生死观，在有限生命的基础上给出了无限存在的可能性。

第 34 章

大道泛兮，其可左右。万物恃之而生而不辞，功成不名有。衣养万物而不为主，常无欲，可名于小；万物归焉而不为主，可名为大。以其终不自为大，故能成其大。

本章通过讲道的整全性，从而讲执政者应守道而不自大。道不执于一端，故可左可右："其可左右。"中道超越左右。执政者超越二元对立，则不会自以为是，"以其终不自为大，故能成其大"。

第 35 章

执大象，天下往。往而不害，安平太。乐与饵，过客止。道之出口，淡乎其无味，视之不足见，听之不足闻，用之不可既。

本章讲执大道而取天下。大象无形，"执大象"也就是执大道，执大道则"天下往"。执政者执大道，依道而行（而不是依权力意志而行），则天下归往。天下归往才是真正的"王"（圣王），《说文解字》说："王，天下之归往也。"

第 36 章

将欲歙之，必固张之；将欲弱之，必固强之；将欲废之，必固兴之；将欲夺之，必固与之，是谓微明。柔弱胜刚强，鱼不可脱于渊，国之利器不可以示人。

本章并非阴谋论，不是主张去害好人，而是讲除恶方法，对于恶势力需要优化的策略：欲擒故纵法、以柔克刚法（"柔弱胜刚强"）。王弼深得本章要旨，王弼在注"将欲歙之，必固张之；将欲弱之，必固强之；将欲废之，必固兴之；将欲夺之，必固与之，是谓微明"四句时说："将欲除强梁、去暴乱，当以此四者。"也就是并非阴谋论，而是除强梁、去暴乱的特定手法。（本章讲到"微明"，也就是采取隐微的方式达到良善的目的，不是采取"显明"。）

第37章

道常无为，而无不为。侯王若能守之，万物将自化。化而欲作，吾将镇之以无名之朴。无名之朴，夫亦将无欲。不欲以静，天下将自定。

本章从道的高度讲无为，侯王的无为来自道的无为。道无为而侯王无为，这是"推天道以明人事"的思维方式。本章还讲到具体的无为法，采取"镇之以无名之朴"的方式去化解社会的妄作，从而实现天下自定。（笔者字元学，号镇朴。镇朴取自《老子》本章的"镇之以无名之朴"。）

下　篇

第38章

上德不德，是以有德；下德不失德，是以无德。上德无为而无以为；下德为之而有以为。上仁为之而无以为；上义为之而有以为。上礼为之而莫之应，则攘臂而扔之。故失道而后德，失德而后仁，失仁而后义，失义而后礼。夫礼者，忠信之薄，而乱之首。前识者，道之华，而愚之始。是以大丈夫处其厚，不居其薄；处其实，不居其华，故去彼取此。

本章仍然讲"崇本而息末"，主张道治。道是根本，失去道而采取德、仁义礼，都会形成末端社会："故失道而后德，失德而后仁，失仁而后义，失义而后礼。夫礼者，忠信之薄，而乱之首。"本章也可以理解为对儒家及其传统的批判，失去道的德治、仁义礼治是华而不实："是以大丈夫处其厚，不居其薄；处其实，不居其华，故去彼取此。"

第 39 章

昔之得一者，天得一以清，地得一以宁，神得一以灵，谷得一以盈，万物得一以生，侯王得一以为天下正。其致之，天无以清将恐裂，地无以宁将恐发，神无以灵将恐歇，谷无以盈将恐竭，万物无以生将恐灭，侯王无以贵高将恐蹶。故贵以贱为本，高以下为基。是以侯王自称孤、寡、不谷。此非以贱为本邪？非乎？故致数舆无舆，不欲琭琭如玉，珞珞如石。

本章继续讲道的整全性，道是一，万物是杂多。道是整全的，不执一端，因而执政者应效法道而不是虚妄地对社会制造

162

分化，诸如儒家分出的贵贱高下。"贵以贱为本，高以下为基"，是超越名教，整全治理。"天得一以清，地得一以宁，神得一以灵，谷得一以盈，万物得一以生，侯王得一以为天下正"，天、地、谷、万物、侯王都是对象性存在者，说明神也是对象性存在者，这里的神就是神灵的神（"神"得一以"灵"）。

第 40 章

反者道之动，弱者道之用。天下万物生于有，有生于无。

本章讲体用关系：以有为体，以无为用。道的存有性，首先是有，"有物混成"。道的价值性是无，无为、无事等。楚简《老子》为"天下之物生于有、生于无"，有无同构，与"有无相生"相应。"反者道之动"讲的是体，是存有之道；"弱者道之用"讲的是用，是价值之道。弱，具体体现为无为、无事等。"天下万物生于有，有生于无"是顶针修辞，还原后是"天下万物生于有、生于无"（王弼注本句时用的是"天下之物"），这样正好与楚简《老子》同："天下之物生于有、生于无。"

第 41 章

上士闻道，勤而行之；中士闻道，若存若亡；下士闻道，大笑之。不笑，不足以为道。故建言有之：明道若昧，进道若退，夷道若纇，上德若谷，大白若辱，广德若不足，建德若偷，质真若渝，大方无隅，大器晚成，大音希声，大象无形，道隐无名。夫唯道，善贷且成。

本章讲闻道的层次：上士、中士、下士，老子主张成为上士，上士是知行合一的人："上士闻道，勤而行之。"老子特别注重知行关系，如"吾言甚易知，甚易行。天下莫能知，莫能行"；"弱之胜强，柔之胜刚，天下莫不知莫能行"。知道即落在行道上，知而不行是伪知。"下士闻道，大笑之。不笑，不足以为道"，这里把得道的人与世俗的人拉开了距离，犹如耶稣所说："我给你们说地上的事都不信，何况天上的事呢？"老子还说"我独异于人"，也是说行道者未必被世俗的人所理解和接受。尽管如此，老子还是主张要服务于社会，这就是"和其光，同其尘"。"明道若昧，进道若退，夷道若纇，上德若谷，大白若辱，广德若不足，建德若偷，质真若渝，大方无隅，大器晚成，大音希声，大象无形，道隐无名。夫唯道，善贷且成"是接着上士讲。

第42章

道生一，一生二，二生三，三生万物。万物负阴而抱阳，冲气以为和。人之所恶，唯孤、寡、不谷，而王公以为称。故物或损之而益，或益之而损。人之所教，我亦教之。强梁者不得其死，吾将以为教父。

本章讲道与万物的关系。万物由道所生，道是本原，是形而上的，万物是形而下的。《圣经》里，"起初，神创造天地"，天地万物是上帝创造的，上帝异质于天地万物。道生万物，是生，不是创造，类似母亲生孩子，道"可以为天下母"，形上与形下之间有同质性。本章最富有争议的内容是道生万物之间还有一、二、三，那么一、二、三到底指什么？一种讲法认为，一、二、三就是数，并不实指什么，一二三的过程就是由简单到复杂的过程，或者说从整全到分化的过程，这种讲法也有一定道理。但如果结合文献，一二三实际是有实指的。一并非指道之后的某种存在物，其实一就是道，道生一就是道生道，道生道是为了说明道已经是终极，道"自在永在"。一就是道，是有内证的，老子说"视之不见名曰夷，听之不闻名曰希，搏之不得名曰微。此三者，不可致诘，故混而为一。其上不皦，其下不昧。绳绳不可名，复归于无物。是谓无状之状，无物之象，是谓惚恍"，其中"视之不见名曰夷，听之不闻名曰希，搏之不得名曰微"就是在描述道，是道"混而为一"，一也就是道。"混而为一"的"混"也是描述道，与"有物混成……字之曰道"相应。"混而为一"的道是惚恍的，而老子在另一处说惚恍时正好是在说道，"孔德之容，惟道是从。道之为物，惟恍惟惚。惚兮恍兮，其中有象"，这里的惚恍正是"唯道是从"，惚恍是道的特征。一就是道，那二是什么呢？老子讲完"道生一，一生二，二生三，三生万物"接着就言

165

说"万物负阴而抱阳"，说明二就是阴阳。三也就是阴气、阳气与冲气，"冲气以为和"。道作为一，确实是在讲道作为整全存在，因而后文的"人之所恶，唯孤、寡、不谷，而王公以为称。故物或损之而益，或益之而损。人之所教，我亦教之。强梁者不得其死，吾将以为教父"都是在反对治理中的二元对立，是接着道一讲的。

第43章

天下之至柔，驰骋天下之至坚。无有入无间，吾是以知无为之有益。不言之教，无为之益，天下希及之。

本章讲柔，老子讲柔是讲柔治，所以后文继续讲道："不言之教，无为之益。""不言之教"是反对真理垄断，对民进行规训。"无为之益"反对统治者对民进行权力强制，主张民自化。

第44章

名与身孰亲？身与货孰多？得与亡孰病？是故甚爱必大费，多藏必厚亡，知足不辱，知止不殆，可以长久。

本章讲贵身，身相对于名货，贵身也就是不贵名货，所以老子还讲"道常无名""不贵难得之货"。

第 45 章

大成若缺，其用不弊。大盈若冲，其用不穷。大直若屈，大巧若拙，大辩若讷。躁胜寒，静胜热，清静为天下正。

本章继续讲整全之道，"大成若缺，大盈若冲，大直若屈，大巧若拙，大辩若讷"。并进一步推向治道，主张清静之治："清静为天下正。"

第 46 章

天下有道，却走马以粪。天下无道，戎马生于郊。罪莫大于可欲，祸莫大于不知足，咎莫大于欲得。故知足之足，常足矣。

本章讲知足之道，知足的前提是俭欲，"罪莫大于可欲"。"罪莫大于可欲"同时讲了老子关于恶的来源问题，欲本身是中性的，欲有积极意义，比如性欲与繁衍；但欲有一个度的问题，过度的欲（纵欲）就会导致恶。战争也是权力欲望过度彰显的结果，本章还以战争与和平区别有道与无道，"天下有道，却走马以粪。天下无道，戎马生于郊"。

第 47 章

不出户，知天下；不窥牖，见天道。其出弥远，其知弥少。是以圣人不行而知，不见而名，不为而成。

本章讲体道方法，老子主张体道的方法是体悟，"常无欲，以观其妙"，而不是"行万里路"。实践的方法是经验的方法，是通向形而下的。

第 48 章

为学日益，为道日损。损之又损，以至于无为，无为而无不为。取天下常以无事，及其有事，不足以取天下。

本章讲体道方法，体道需要做减法（俭欲），而不是"读万卷书"，即通过为学并不能直接实现为道，所以老子又说"绝学无忧"。

第 49 章

圣人无常心，以百姓心为心。善者，吾善之；不善者，吾亦善之，德善。信者，吾信之；不信者，吾亦信之，德信。圣人在天下歙歙，为天下浑其心，圣人皆孩之。

本章讲政治合法性，合道的政治是以百姓意愿为中心，不是以执政者权力意志为中心："圣人无常心，以百姓心为心。""善者，吾善之；不善者，吾亦善之"，是执政者针对民应有的态度，即权力公有而不是私有，权力要超越一己之私。

第 50 章

出生入死。生之徒，十有三；死之徒，十有三；人之生，动之死地，亦十有三。夫何故？以其生生之厚。盖闻善摄生者，陆行不遇兕虎，入军不被甲兵；兕无所投其角，虎无所措其爪，兵无所容其刃。夫何故？以其无死地。

本章讲生死观，人向死而生："出生入死。"老子进一步主张善终，不主张作死。老子主张贵身，也就是生命为本；但不主张贵生，贵生（"生生之厚"）是骄奢淫逸。

第 51 章

道生之，德畜之，物形之，势成之。是以万物莫不尊道而贵德，道之尊，德之贵，夫莫之命而常自然。故道生之，德畜之，长之育之，亭之毒之，养之覆之。生而不有，为而不恃，长而不宰，是谓玄德。

本章讲尊道贵德，尊道是因为"道之尊"，贵德是因为"德之贵"，尊道有信仰精神，敬畏之心。"尊道而贵德"的德不是人之德，而是道之德，即玄德，后文进一步"定义"了玄德："生而不有，为而不恃，长而不宰，是谓玄德。""生而不有"针对道而言："道生之"，道生万物而占有万物（"夫莫之命而常自然"）。

第 52 章

天下有始，以为天下母。既得其母，以知其子，既知其子，复守其母，没身不殆。塞其兑，闭其门，终身不勤。开其兑，济其事，终身不救。见小曰明，守柔曰强。用其光，复归其明，无遗身殃，是为习常。

本章讲人、道关系，人与本原的关系。道是本原，"天下有始，以为天下母"，道"可以为天下母"。老子进一步把道与人作为母子关系，"既得其母，以知其子，既知其子，复守其母，没身不殆"。老子的道人关系是母子关系，《圣经》的神人关系是父子关系，都是一种情感关系，不只是一种比喻。

第 53 章

使我介然有知，行于大道，唯施是畏。大道甚夷，而民好径。朝甚除，田甚芜，仓甚虚；服文彩，带利剑，厌饮食，财货有余；是为盗夸。非道也哉！

本章讲善政，批评无道政治。善政"行于大道，唯施是畏"。无道政治"朝甚除，田甚芜，仓甚虚；服文彩，带利剑，厌饮食，财货有余；是为盗夸。非道也哉！"老子具有批判精神，并非执政者的代言人。

第54章

善建者不拔，善抱者不脱，子孙以祭祀不辍。修之于身，其德乃真；修之于家，其德乃余；修之于乡，其德乃长；修之于国，其德乃丰；修之于天下，其德乃普。故以身观身，以家观家，以乡观乡，以国观国，以天下观天下。吾何以知天下然哉？以此。

本章讲生死观，建德抱道的人死而不亡："善建者不拔，善抱者不脱，子孙以祭祀不辍。"建是建德，"建德不偷"；抱是抱道，"圣人抱一为天下式"，抱一即抱道。如何做到建德抱道，老子进一步从修与观展开，修是内圣，观是外王。修之于身、家、乡、国、天下，是境界的层次提升；"以身观身，以家观家，以乡观乡，以国观国，以天下观天下"则是事功层次的提升。"以天下观天下"是以天下王的角色作为自己的行事依据。

第55章

含德之厚，比于赤子。蜂虿虺蛇不螫，猛兽不据，攫鸟不搏。骨弱筋柔而握固，未知牝牡之合而全作，精之至也。终日号而不嗄，和之至也。知和曰常，知常曰明。益生曰祥，心使气曰强。物壮则老，谓之不道，不道早已。

本章讲老子赤子美学智慧，老子以赤子为意象，主张柔弱，"含德之厚，比于赤子"。赤子秉承道性，是人的原初状态，"初生赤色，故曰赤子"（孔颖达语）。柔弱是生命力的象征，背离柔弱则意味着衰亡："物壮则老，谓之不道。"在治道方面，也就是要柔治，君不强制民；而不是采取刚治，民被伤害。

第56章

知者不言，言者不知。塞其兑，闭其门，挫其锐，解其纷，和其光，同其尘，是谓玄同。故不可得而亲，不可得而疏；不可得而利，不可得而害；不可得而贵，不可得而贱，故为天下贵。

本章讲玄同的治国智慧，玄同的智慧也就是整全的智慧，天下为公，不以一己之私分出亲疏、利害、贵贱。要实现这一点就得警惕言教，不得独尊某种价值系统，"知者不言，言者不知"，"行不言之教"。

第57章

以正治国，以奇用兵，以无事取天下。吾何以知其然哉？以此。天下多忌讳，而民弥贫；民多利器，国家滋昏；人多伎巧，奇物滋起；法令滋彰，盗贼多有。故圣人云："我无为而民自化，我好静而民自正，我无事而民自富，我无欲而民自朴。"

本章讲理想社会形态，老子主张无事自富、无为自化、好静自正、无欲自朴的自治社会，这里没有强制与干预，民自主自由。哈耶克把这样的社会叫作自发秩序社会，他认为老子的无事自富、无为自化和自己的自发秩序理论是相通的。

第58章

其政闷闷，其民淳淳；其政察察，其民缺缺。祸兮福之所倚，福兮祸之所伏。孰知其极？其无正？正复为奇，善复为妖。人之迷，其日固久。是以圣人方而不割，廉而不刿，直而不肆，光而不耀。

本章继续讲朴治，"其政闷闷，其民淳淳；其政察察，其民缺缺"。大道整全，老子反对执政者出于统治目的确立某种独断价值观，"正复为奇，善复为妖"，确立正与善就会走向反面，所以老子还说天下"皆知善之善，斯不善已"。

第59章

治人事天，莫若啬。夫唯啬，是谓早服，早服谓之重积德，重积德则无不克，无不克则莫知其极，莫知其极，可以有国，有国之母，可以长久，是谓深根固柢，长生久视之道。

本章讲治道之"深根固柢、长生久视"在于啬，啬就是俭，俭的根本是俭权（收敛权力）。本章的"治人事天"的事天，有信仰精神，事天是服侍上天，包括祭祀等。

第 60 章

治大国，若烹小鲜。以道莅天下，其鬼不神；非其鬼不神，其神不伤人；非其神不伤人，圣人亦不伤人。夫两不相伤，故德交归焉。

本章讲治大国要举重若轻，大国是天下人的，不是统治者自家的，所以要有悠然、闲人的无为心态。"治大国，若烹小鲜"也就是治大国如小菜一碟，"悠兮其贵言"，"圣人本闲人"。"以道莅天下，其鬼不神"，说明道高于鬼，道在则鬼的神力丧失，但还是承认了鬼的存在。

第 61 章

大国者下流，天下之交。天下之牝，牝常以静胜牡，以静为下。故大国以下小国，则取小国；小国以下大国，则取大国。故或下以取，或下而取。大国不过欲兼畜人，小国不过欲入事人。夫两者各得其所欲，大者宜为下。

本章讲大国外交智慧，主张大国处下："大国者下流"，"大者宜为下"。老子反对大国居高临下，以武力称霸天下。

大国之大在于有道，而不是在于有力。

第62章

道者万物之奥。善人之宝，不善人之所保。美言可以市尊，美行可以加人。人之不善，何弃之有？故立天子，置三公，虽有拱璧以先驷马，不如坐进此道。古之所以贵此道者何？不曰：求以得，有罪以免邪？故为天下贵。

本章讲道的信仰性，道是万物的庇护所："道者万物之奥。善人之宝，不善人之所保。"（王弼："奥……可得庇荫之辞"。）后文的"求以得，有罪以免"进一步确认了道的信仰性，人同于道，道则有求必应，且有免罪的能力。《圣经》里讲"求什么，有什么"，"你的罪免了"，与本章有相通处。谁能免罪，是道者，这里的道者是不是指得道者圣人，而是本原之道。

第63章

为无为，事无事，味无味。大小多少，报怨以德。图难于其易，为大于其细；天下难事必作于易，天下大事必作于细。是以圣人终不为大，故能成其大。夫轻诺必寡信，多易必多难。是以圣人犹难之，故终无难矣。

本章讲无为、无事、无味之治，具体通过讲圣人犹难来讲道治，警惕统治者权力自负。执政者犹难，把问题看得难一些，就不会瞎折腾。

第 64 章

其安易持，其未兆易谋。其脆易泮，其微易散。为之于未有，治之于未乱。合抱之木，生于毫末；九层之台，起于累土；千里之行，始于足下。为者败之，执者失之。是以圣人无为故无败，无执故无失。民之从事，常于几成而败之。慎终如始，则无败事。是以圣人欲不欲，不贵难得之货；学不学，复众人之所过。以辅万物之自然，而不敢为。

本章讲无为之治，无为之治的体现之一是"为之于未有，治之于未乱"，防微杜渐，防范于未然。而不是等事情发展严重了，再治理，并当作政治功劳。庄子讲"神人无功"，与老子的"为之于未有，治之于未乱"一致。本章还对无为进行了"定义"，无为就是辅万物之自然："以辅万物之自然，而不敢为。"

第 65 章

古之善为道者，非以明民，将以愚之。民之难治，以其智多。故以智治国，国之贼；不以智治国，国之福。知此两者，亦稽式。常知稽式，是谓玄德。玄德深矣，远矣，与物反矣，然后乃至大顺。

本章继续讲"以道治国",反对"以智治国":"故以智治国,国之贼;不以智治国,国之福。""以智治国",就是统治者发挥巧智、权谋来治国,国家成为自己权力欲望的工具。只有崇本息末,采取道治,公天下,才能实现天下"大顺"。

第 66 章

江海所以能为百谷王者,以其善下之,故能为百谷王。是以欲上民,必以言下之。欲先民,必以身后之。是以圣人处上而民不重,处前而民不害,是以天下乐推而不厌。以其不争,故天下莫能与之争。

本章讲执政者应处下,真正的王者尚公崇容,百川归海,海纳百川。《说文解字》里王是"天下之归往也"深得其意。圣人言下、身后,反而得到天下人的支持,"天下乐推而不厌"。

第 67 章

天下皆谓我道大,似不肖。夫唯大,故似不肖。若肖,久矣其细也夫!我有三宝,持而保之。一曰慈,二曰俭,三曰不敢为天下先。慈故能勇;俭故能广;不敢为天下先,故能成器长。今舍慈且勇,舍俭且广,舍后且先,死矣!夫慈,以战则胜,以守则固。天将救之,以慈卫之。

本章讲行道三原则（三宝）：慈俭后。慈是慈爱，与博爱相通；俭是俭朴，尤其是俭权、俭武；后（"不敢为天下先"；"舍后且先，死矣"）是先人后己，"以其无私，故能成其私"。

第68章

善为士者不武，善战者不怒，善胜敌者不与，善用人者为之下，是谓不争之德，是谓用人之力，是谓配天古之极。

本章讲和平思想，老子反战："善为士者不武，善战者不怒，善胜敌者不与。"同时讲到用人智慧，"善用人者为之下"。

第69章

用兵有言："吾不敢为主而为客，不敢进寸而退尺。"是谓行无行，攘无臂，扔无敌，执无兵。祸莫大于轻敌，轻敌几丧吾宝。故抗兵相加，哀者胜矣。

本章继续讲和平思想，战争是"不得已而用之"。同时反对轻敌，认为哀兵必胜。

第70章

吾言甚易知，甚易行。天下莫能知，莫能行。言有宗，事有君。夫唯无知，是以不我知。知我者希，则我者贵。是以圣人被褐怀玉。

本章讲行道者异俗，行道者超越世俗。得道的人往往是俗人难以理解的，"知我者希，则我者贵"，圣人外在俭朴而内在丰富，"是以圣人被褐怀玉"。

第71章

知不知上，不知知病。夫唯病病，是以不病。圣人不病，以其病病，是以不病。

本章讲求真精神：知就是知，不知就是不知。知道自己无知，是上士；不知却认为自己知是毛病。

第72章

民不畏威，则大威至。无狎其所居，无厌其所生。夫唯不厌，是以不厌。是以圣人自知不自见，自爱不自贵，故去彼取此。

本章讲政治合法性，执政者不得搞暴政，不得剥夺民的居住权和生存权，"无狎其所居，无厌其所生"。这些体现了老子的人权精神。

第 73 章

勇于敢则杀，勇于不敢则活。此两者，或利或害。天之所恶，孰知其故？是以圣人犹难之。天之道，不争而善胜，不言而善应，不召而自来，繟然而善谋。天网恢恢，疏而不失。

本章讲权力的收敛，反对权力自负，"勇于不敢则活"。"不敢"就是不敢发动权力意志，"不敢为天下先"，不敢打第一枪。"天网恢恢，疏而不失"，是老子的信仰性，天道有奖善惩恶机制。

第 74 章

民不畏死，奈何以死惧之？若使民常畏死，而为奇者，吾得执而杀之，孰敢？常有司杀者杀，夫代司杀者杀，是谓代大匠斫，夫代大匠斫者，希有不伤其手矣。

本章继续讲政治的合法性，反对暴政，不得以死威胁民。执政者不能替代司法机构而采取杀人方式镇压民众，否则将自我毁灭，"夫代大匠斫者，希有不伤其手矣"。

第 75 章

民之饥，以其上食税之多，是以饥。民之难治，以其上之有为，是以难治。民之轻死，以其上求生之厚，是以轻死。夫唯无以生为者，是贤于贵生。

本章继续讲政治合法性，社会混乱的根源在执政者："民之难治，以其上之有为，是以难治。"只有执政者无为而治，社会才会真正安定。"夫唯无以生为者，是贤于贵生"，是反对贵生。老子贵身（贵重生命）而不贵生（纵欲主义）。

第76章

人之生也柔弱，其死也坚强。万物草木之生也柔脆，其死也枯槁。故坚强者死之徒，柔弱者生之徒。是以兵强则不胜，木强则兵。强大处下，柔弱处上。

本章讲柔治，柔治也就是无为而治，反对执政者权力意志的彰显。老子坚信柔治（无为而治）是长久之道，刚治（有为之治）则不可长久，"故坚强者死之徒，柔弱者生之徒"。据说老子的老师商容传了老子柔道（舌存齿亡），老子把"强梁者不得其死"作为"教父"（行教纲领），当然"强梁者不得其死"又是《金人铭》的原文。

第77章

天之道，其犹张弓与？高者抑之，下者举之；有余者损之，不足者补之。天之道，损有余而补不足。人之道则不然，损不足以奉有余。孰能有余以奉天下，唯有道者。是以圣人为而不恃，功成而不处，其不欲见贤。

本章讲天道平衡，"天之道，损有余而补不足"。得道的人法天道而行，"孰能有余以奉天下，唯有道者"（这里的道者不是指本原之道，指得道者圣人，圣人有"有余以奉天下"）。"有余以奉天下"体现了老子的人文关怀，对弱势群体的照顾。老子主张均衡，但并不主张平均主义。

第78章

天下莫柔弱于水，而攻坚强者莫之能胜，其无以易之。弱之胜强，柔之胜刚，天下莫不知莫能行。是以圣人云："受国之垢，是谓社稷主；受国不祥，是为天下王。"正言若反。

本章讲柔治，柔治需要忍辱负重，"受国之垢，是谓社稷主；受国不祥，是为天下王"。本章还讲到老子重要的表达方式："正言若反。"刘笑敢把"正言若反"作为老子重要的方法论。

第79章

和大怨，必有余怨，安可以为善？是以圣人执左契，而不责于人。有德司契，无德司彻。天道无亲，常与善人。

本章讲从根本上消除怨恨，"执左契，而不责于人"。如果怨恨产生再和解，会有余怨。本章还具有信仰性，天道奖励善人，"天道无亲，常与善人"。

第 80 章

小国寡民。使有什伯之器而不用，使民重死而不远徙。虽有舟舆，无所乘之，虽有甲兵，无所陈之。使人复结绳而用之。甘其食，美其服，安其居，乐其俗。邻国相望，鸡犬之声相闻，民至老死，不相往来。

本章讲理想社会形态："小国寡民。"易建平、白彤东认为，"小国寡民"是早期社会的民主模式。本章的"甘其食，美其服，安其居，乐其俗"可作为超越时空的普世价值追求，也是生命道学的精髓，是终极幸福所追求的生活状态。

第 81 章

信言不美，美言不信。善者不辩，辩者不善。知者不博，博者不知。圣人不积，既以为人己愈有，既以与人己愈多。天之道，利而不害；圣人之道，为而不争。

本章讲利他精神，"既以为人己愈有，既以与人己愈多"。茅于轼提"给人快乐，自己快乐"也有此意。"天之道，利而不害；圣人之道，为而不争"，人道效法天道，是"推天道以明人事"的思维方式。

楚简《老子》甲本释文

　　楚简《老子》甲本或为老子元经。谭宝刚注意到，陆德明在《庄子音义》里说"老聃为喜著书十九篇"，而甲本正好是十九个分隔符号，甲本共十九个单位的内容。另，鲍则岳注意到陆德明《老子音义》里有楚简《老子》的文字，说明陆德明看到过楚简《老子》的内容。周凤五注意到，甲本形制不同于乙本、丙本，甲本竹简长于乙本和丙本，且甲本两头削为梯行，乙本、丙本两头削为平形，甲本应为经，乙本、丙本应为传。高华平认为甲本文风、结构不同于乙本、丙本，甲本应为经，乙本、丙本应为解说文。李零认为甲本结构有理致。笔者认为甲本有结构秩序：楚简《老子》甲本共 19 个单元（1000 余字），内圣篇是第 1—7 单元的内容，先后论述人法天地、人法道、人法自然（依照第 1 单元末句的"人法地，地法天，天法道，道法自然"而展开）；外王篇是第 8—19 单元的内容，先后论述圣人欲不欲、圣人好静、圣人无为、圣人无事

（第19单元末句"是以圣人之言曰：我无事而民自富，我无为而民自化，我好静而民自正，我欲不欲而民自朴"对其进行总结），参见本书《内圣外王：修治路径》一节。

上篇（内圣篇）

一、总纲

1. 有庄昆成，先天地生，悦穆①，独立不改，可以为天下母，未知其名，字之曰道。吾强为之名曰大，大曰逝②，逝曰远，远曰反。天大，地大，道大，王亦大。国中有四大焉，王居一焉。人法地，地法天，天法道，道法自然。

二、人法天地

2. 天地之间，其犹橐籥欤？虚而不屈，动而愈出。

3. 至虚，恒也；守中，笃也。万物方作，居以须复也。天道员③员，各复其根。

---

① 悦穆：在《郭店楚墓竹简》中的释文是"敚穆"。"敚穆"其实就是"悦穆"，《文子·精诚》中的"……夫道者……静漠恬惔，悦穆胸中，廓然无形，寂然无声"一句可证。

② 李零释为美，并提到美见于曾侯乙墓钟磬铭文，表示损。（李零：《郭店楚简校读记》，中国人民大学出版社，2007年，第13页。）李零的考究可信，释为美，为损义，与"天道员员"验证，"员"在楚简《老子》乙本里是"损"："为道者日员（损）。"

③ 员或为损，今本《老子》的"为道日损"在楚简《老子》乙本里是"为道者日员"。

185

三、人法道

4. 反①也者，道动也；弱②也者，道之用也。天下之物生于有、生于无③。

5. 持而盈之，不不若已。湍而群之，不可长保也。金玉盈室，莫能守也。贵福骄，自遗咎也。功遂身退，天之道也。

四、人法自然

6. 含愿④之厚者，比于赤子。蜂虿蛇弗螫，攫鸟猛兽弗扣。骨弱筋柔而捉固，未知牝牡之合然怒，精之至也。终日呼而不嚘，和之至也。和曰常，知和曰明。益生曰祥⑤，心使气曰强。物壮则老，是谓不道。

7. 名与身孰亲？身与货孰多？得与亡孰病？甚爱必大费，厚藏必多亡。故知足不辱，知止不殆，可以长久。

下篇（外王篇）

一、圣人欲不欲

8. 绝智弃卞，民利百倍；绝巧弃利，盗贼无有；绝伪弃

---

① 竹简原文是返，返同反，与"吾强为之名曰大，大曰逝，逝曰远，远曰反"中的反同义。
② 竹简原文是溺。
③ 竹简原文是亡，亡同无。
④ 《说文解字》："愿，外得于人，内得于己也，从直从心。"
⑤ 竹简原文就是祥，不是祥，释为祥是受到今本《老子》影响。

虑，民复季①子。三言以为辨不足，或命之或呼属：视素保朴，少私寡欲。

9. 江海所以为百谷王，以其能为百谷下，是以能为百谷王。圣人之在民前也，以身后之；其在民上也，以言下之。其在民上也，民弗厚也；其在民前也，民弗害也。天下乐进而弗厌。以其不争也，故天下莫能与之争。罪莫厚乎甚欲，咎莫险乎欲得，祸②莫大乎不知足。知足之为足，此恒足矣。

二、圣人好静

10. 以道佐人主者，不欲以兵强于天下。善者果而已，不以取强。果而弗伐，果而弗骄，果而弗矜，是谓果而不强，其事好。

11. 长古之善为士者，必微弱玄达，深不可识，是以为之容：豫乎若冬涉川，犹乎其若畏四邻，俨乎其若客，涣乎其若释，敦乎其若朴，沌乎其若浊。孰能浊以静者将徐清，孰能安以动者将徐生？保此道者，不欲尚盈。

三、圣人无为

12. 为之者败之，执之者远之。是以圣人无为故无败，无执故无失。临事之纪，慎终如始，此无败事矣。圣人欲不欲，不贵难得之货；教不教，复众之所过。是故圣人能辅万物之自

---

① 《说文解字》："季，少称也。"
② 竹简原文是化。

然，而弗能为。①

13. 道恒无为也，侯王能守之，而万物将自化。化而欲作，将镇之以无名之朴。夫亦将知足，知以静，万物将自定。

14. 为无为，事无事，味无味。大，小之。多易必多难，是以圣人犹难之，故终无难。

15. 天下皆知美之为美也，恶已；皆知善，此其不善已。有无之相生也，难易之相成也，长短之相形也，高下之相盈也，音声之相和也，先后之相随也。是以圣人居无为之事，行不言之教。万物作而弗始也，为而弗志也，成而弗居。天唯弗居也，是以弗去也。

16. 道恒无名，朴唯微，天地弗敢臣。侯王如能守之，万物将自宾。天地相合也，以输甘露，民莫之命而自均焉。始制有名，名亦既有，夫亦将知止，知止所以不殆。卑道之在天下也，犹小谷之与江海。

四、圣人无事

17. 其安也，易持也；其未兆也，易谋也。其脆也，易判也；其几也，易散也。为之于其无有也，治之于其未乱。合（抱之木，作于毫）末；九成之台，作（于垒土；百仞之高，始于）足下。②

---

① "为之者败之"章与"其安也，易持也"章，楚简《老子》甲本是作为两章而分开的，今本《老子》是同作为一章。有学者考据，《韩非子·喻老》里，也是当作两个章节在引用。

② 括号部分系竹简受损失缺字，据北京大学藏西汉竹书《老子》而补录。

188

18. 知之者弗言，言之者弗知。闭其兑，塞其门；和其光，同其尘；挫其锐，解其纷，是谓玄同。故不可得而亲，亦不可得而疏；不可得而利，亦不可得而害；不可得而贵，亦不可得而贱，故为天下贵。

19. 以正治邦，以奇用兵，以无事取天下。吾何以知其然也？夫天多忌讳而民弥叛，民多利器而邦滋昏，人多智而奇物滋起，法物滋彰盗贼多有。是以圣人之言曰：我无事而民自富，我无为而民自化，我好静而民自正，我欲不欲而民自朴。

后　记

笔者的这本小书，首先作为学术著作，试图建构系统的道学知识，同时试图通过小书更好地理解《老子》原典，进而通向明道。这也是小书定位为"老子生命道学"的原因，紧扣生命本身，而不是仅仅落在思辨上。

西安外事学院于 2020 年成立老子学院，黄藤校长为学院题写的"人法自然""把健康幸福带到全人类""无欲无事无为皆尊道，有信有望有爱皆贵德"，都体现了"生命道学"的理念。笔者有缘于 2020 年 8 月起加入西安外事学院老子学院，并致力于老子研究与老子生命道学构建。笔者提出举办生命道学学术工作坊，黄藤校长欣赏答应，并大力支持。西安外事学院非常重视通识教育，学院作为教育部全国普通高校中华优秀传统文化传承基地。如果说学科教育是知识教育，通识教育就是生命教育，是为学与为道的关系。

小书从今本《老子》、楚简《老子》两种文本讲老子生命道学，两种文本的不同，决定了思想有所不同，两种文本之间的悖论属于正常的悖论，而非笔者造成的悖论。比如，有和无的关系在不同的本子里关系也不同，今本《老子》是无高于有："天下万物生于有，有生于无"；在楚简《老子》里是有无并列："天下之物生于有、生于无"。今本《老子》里"道常无为而无不为"的道作为本原之道，而楚简《老子》里"道恒无为也"的道作为价值之道。由于小书写作时间跨越了数年，笔者对《老子》的理解也在变化，故不排除在讲同一种文本时，有个别不一致的地方。比如，"人法地，地法天，天法道，道法自然"，前后有"人法自然"和"道法（恒）自然"两种诠释路线。关于道的意志性问题，2021年完成"今本《老子》各章要旨"里更加突出了道的意志性，道作为神性存在。

本次出版的这本小书是笔者的第一本学术专著，也算是笔者的个人代表作。于"不惑之年"出版，具有纪念意义，也是对笔者前半生的一个交代，也希望自己进入"为道"频道，真正做到生命的不惑。《雅各书》说："私欲的怀胎，就生出罪来；罪既长成，就生出死来。"如何超越有限生命，实现"死而不亡"，还需要继续求道，走进正信，成就慈俭后、信望爱的平安喜乐生命。

笔者有幸得到了多位专家的指导。中华文化研究大家楼宇烈先生、道学研究大家詹石窗先生对小书审阅与推荐；"简本《老子》的生命智慧"一章得到了老学研究大家熊铁基先生的指导和优评；"今本《老子》的生命智慧"一章得到了文艺学专家蒲若茜教授的指导；中国思想史专家周启荣教授为小书作序，提出了宝贵的修改意见（顺便说明的是，笔者对周教授在序中提出的"老子超越西方自由主义与特殊政治制度共构的理论限制"的观点持保留意见）；道家哲学专家陈霞研究员对学术有非常敏锐的眼光（比如她提出的道家之道具有信仰特色，老子政治哲学系屈君伸民的民本思想），对笔者也有很大的启发。在此对各位专家致以诚挚的谢意！

另外，感谢平时对笔者有指教的许抗生先生、罗传芳研究员、强昱教授、李利安教授、成祖明教授、张丰乾教授、李明富研究员。并感谢同事由经纬研究员、李彤博士、孙军红博士的支持。

最后，感谢中国文史出版社使得小书顺利出版。

图书在版编目（CIP）数据

老子生命道学 / 李健著. －－北京：中国文史出版社，2022.3

ISBN 978 － 7 － 5205 － 3263 － 1

Ⅰ．①老… Ⅱ．①李… Ⅲ．①老子－哲学思想 Ⅳ．①B223.1

中国版本图书馆 CIP 数据核字（2021）第 204540 号

责任编辑：薛未未

出版发行：**中国文史出版社**

社　　　址：北京市海淀区西八里庄路 69 号院　　邮编：100142

电　　　话：010 － 81136606　81136602　81136603（发行部）

传　　　真：010 － 81136655

印　　　装：廊坊市海涛印刷有限公司

经　　　销：全国新华书店

开　　　本：720 × 1020　1/16

印　　　张：13　　　　　字数：130 千字

版　　　次：2022 年 3 月第 1 版

印　　　次：2022 年 3 月第 1 次印刷

定　　　价：68.00 元